地图里的大中国

韩茂莉 ◎ 主编　　尚青云简 ◎ 编绘

北京理工大学出版社
BEIJING INSTITUTE OF TECHNOLOGY PRESS

版权专有　侵权必究

图书在版编目（CIP）数据

地图里的大中国 / 韩茂莉主编；尚青云简编绘. --北京：北京理工大学出版社，2024.3（2024.11重印）
ISBN 978-7-5763-3471-5

Ⅰ.①地… Ⅱ.①韩… ②尚… Ⅲ.①地图 – 中国 – 儿童读物 Ⅳ.①K992-49

中国国家版本馆CIP数据核字（2024）第006985号

地图里的大中国

责任编辑：张文峰　顾学云		文案编辑：张文峰　顾学云	
责任校对：周瑞红		责任印制：李志强	

出版发行 /	北京理工大学出版社有限责任公司
社　　址 /	北京市丰台区四合庄路6号
邮　　编 /	100070
电　　话 /	（010）68944451（大众售后服务热线）
	（010）68912824（大众售后服务热线）
网　　址 /	http://www.bitpress.com.cn
版 印 次 /	2024 年 11 月第 1 版第 3 次印刷
印　　刷 /	雅迪云印(天津)科技有限公司
开　　本 /	889 mm×1194 mm　　1/16
印　　张 /	20.5
字　　数 /	444千字
审 图 号 /	GS京（2023）2021号
定　　价 /	168.00元

图书出现印装质量问题，请拨打售后服务热线，本社负责调换

前言

地图是大地的微缩版，人们站在地图前经天纬地、谈古论今，那是因为，无论天有多大，地有多广，一旦微缩成图，山山水水、城邑乡村都在眼前。运用地图不仅可以实现运筹帷幄之中，决胜于千里之外的战略谋划，也同样可以在生活中导航、指向、定位。

然而，地图不仅拥有使用功能，图中标定的每一座山，每一条河，每一块土地，每一处城池都有着自身的形成与发展，若加以诠释，科学与历史并存于其中，只不过山河的历史并不限于年月，那是一段漫长的时光。探知天地万物的本来，并不限于当代，翻开小学四年级课本，盘古开天地的创世纪故事跃然纸上，这位凭一己之力塑造出天地的大神，头顶蓝天，脚踏大地，挺立在天地之间。盘古开天辟地的故事无论真假，却被一代又一代后人传颂，这其中不仅有着对英雄的礼赞，也与世界所有古老民族一样，我们的祖先始终在思考天地万物的本来。从历史走向今天，我们不仅深知造物主并不属于众神，更希望站在科学的视角审天度地。中国是个大国，即使将山河浓缩为地图，天上地下仍然布满数不清的问题。《地图里的大中国》选择的都是我们身边的那些地理，无论我们的家乡在南在北、在东在西，总有一些见过、听过的地理现象，也许它们就在身边，也许遥远却时常耳闻。大地上的一切不是载人航天，也不是诸子百家，寻常却并不意味着毋需关注，如同四季冷暖、一日三餐，无日不在经受，而为何夏季热、冬季冷？为何北方种麦、南方种稻？这样的问题却并非人人知晓。

透过科学的视角，《地图里的大中国》那山、那水、那朵云、那片土地不再寻常，一草一木都成为科学的载体，成为认知中国、领悟科学的起点。天地之大、世界之广，在科学的参天大树前，本书为你埋下了一粒种子，未来将有发芽、结果的那一天。

韩茂莉

第一章 这就是中国

"中国"是如何炼成的 / 12

我们在这里 / 14

我们到底有多大 / 16

三大阶梯里的华夏 / 20

东西南北的极限地 / 22

握在一起的34双手 / 24

56个民族56枝花 / 28

长长的海岸线 / 32

邻居，认识一下 / 34

隔海相望的伙伴 / 36

一年四季都好看 / 38

大大的调色板 / 42

专题：盘点各省市之最 / 46

第二章 藏在地形地貌里的秘密

给高山排个名 / 50

珠穆朗玛峰上看中华 / 52

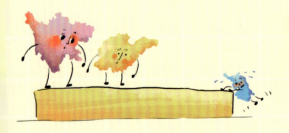

山西山东的山 / 54

山不在高，就是有名 / 56

高原中的老大 / 58

你从哪里来，黄土高原的土 / 60

是真是假，盆地竟比高原高？ / 62

丘陵，仰视山地俯视平地 / 64

平原，个头不高本事不小 / 66

高原、盆地、平原、丘陵、山地有可能住在一起？ / 68

风吹草低见牛羊 / 70

森林，从哪里来，到哪里去 / 72

中华大漠简史 / 74

地球上的大海绵 / 76

奇怪的地貌 / 78

快到坑里来 / 82

看，大山被切开了 / 84

专题：地形地貌之最 / 86

第三章 江河湖海与岛屿

黄河之水天上来？ / 90

黄河的河 / 92

长江的江 / 94

口若悬河的悬河 / 96

我们是湖，但各有不同 / 98

叫"海"不是海 / 102

专题：罗布没有泊 / 104

湖南湖北的湖 / 106

水不在深，就是有名 / 108

不可分割的海 / 112

在不同的地方看海 / 114

别看是个岛，个子也不小 / 116

海岛连连看 / 118

专题：请叫我第一名 / 120

第四章 这些地方很传奇

不同而和的南北差异 / 124

北方有多北 / 126

中原究竟在哪里 / 128

南方有多南 / 130

缘何下江南？ / 132

西北苍茫的秘密 / 134

有故事的名字 / 136

专题：产出来，还要走出去 / 142

有历史的城 / 144

王者归来——古都大比拼 / 148

念不对的地名大集合 / 152

爆料！名不符实 / 154

有味道的地图 / 156

哎呀，撞名了 / 158

"戏"红"人"不红的城市 / 160

这些地方不"地道" / 162

专题："内斗"，我们是认真的 / 166

第五章 人与大自然的鬼斧

人类地表塑造的杰作 / 170

历史名园 / 172

200 亿中国人的城 / 174

楼高？塔高？ / 176

胆小慎入！此处建筑有危险 / 178

从赵州桥到立交桥 / 180

给大山凿个洞 / 182

挖出来的运河 / 184

温柔的水也是一把刀 / 186

一个地方的 AB 面 / 188

飞流直下三千尺 / 190

这些山水甲天下 / 194

怪石林立 / 198

洞穴探秘 / 200

不一般的台阶 / 202

是幻觉还是仙境？ / 204

秘境探险 / 206

长成这样，算侵权吗？ / 208

大自然的毁灭与创造 / 210

专题：我是圈里的代表作 / 212

第六章 长长的一条线

有历史的丝绸路 / 216

专题：河西走廊，古代的经济特区 / 218

万里长城万里长？ / 220

分隔南北的那条线 / 222

穿越中国的北纬30°线 / 224

南水北调 = "难"水北调 / 226

港珠澳大桥有多长 / 228

最长的铁路叫京九 / 230

那是一条神奇的天路 / 232

这条国道上万米 / 234

312是条斜贯线 / 236

隧道30000座 / 238

提气，乾坤大挪移 / 240

报告，来电啦！ / 242

一个人画出的一条线 / 244

专题：一条线串出一座城 / 246

第七章 世界的遗产中华的宝

重现昔日繁华 / 250

辉煌的建筑 / 254

故宫里面有什么 / 258

皇上，请安息 / 262

没有翅膀照样飞 / 264

去祖先家做客 / 266

发自远古的消息 / 268

专题：恐龙的乐园 / 270

第八章 我们的资源我们的环境

各种各样的能源 / 274

我们的煤炭从哪里来 / 276

如何成为合格的宝石 / 278

海洋总动员 / 280

走，泡温泉去 / 282

不当食物，也不当恶魔 / 284

除了大熊猫，它们也很稀有 / 286

装饰地球也保护你 / 288

植物里的活化石 / 290

自然保护区的力量 / 292

专题：逛咱自己的国家公园 / 294

第九章 我和我的家乡

美食地图打卡 / 298

专题：南北饮食大不同 / 304

"骗人"的名字 / 306

吃辣简史 / 308

说的比唱的好听？ / 310

带点儿特产 / 314

穿尽红丝几万条 / 316

跟着节拍动起来 / 318

过节喽 / 320

超级工程在我家 / 322

嘘，这是我家的秘密 / 324

历史的纪念册 / 326

第一章
这就是中国

"中国"是如何炼成的

"我从哪儿来"是个哲学问题,"中国从哪里来"却是个地理问题。想要成长为今天的中华大地,那可真是天时地利人和缺一不可。不过首先,得有两个会活动的大板块……

知道不知道　开局"撞一下"

印度洋板块和亚欧板块撞在一起,撞出了高高的青藏高原。这还没完,冲击波接着扩散,又挤出了黄土高原、云贵高原和内蒙古高原。东部地区离"案发地"远,所以还是一马平川。

1　印度洋板块和亚欧板块猛烈相撞。

2　撞出了青藏高原后,冲击波继续向东扩散,形成了黄土高原、云贵高原和内蒙古高原。

3　快到中国的东部地区了,幸好冲击波停止了。

4　东部地区还是一马平川,中国的地势格局就此形成。

▲地质学家们将塑造中国地形地貌的地质运动称为新构造运动。虽然名字里有个"新"字,但这个运动早在数百万甚至数千万年前就开始了。新构造运动让中国有了起起伏伏的地形。

知道不知道

撞得气候变了样

印度洋板块和亚欧板块撞出了青藏高原，中华大地的气候也因此而改变。高高的青藏高原让湿润的季风望而却步，只能滋养到东部地区，而大西北越来越干旱。

▲ 青藏高原地区虽然纬度较低，但硬是靠高海拔阻挡住暖湿气流，形成独特的高原山地气候。

知道不知道

闪亮登场！

地方有了，气候稳定了，该人类出场了。不过，刚登场的人类还很弱小，挨饿受冻是家常便饭。好在人类很聪明，渐渐学会了用火、制作工具。大家在一起互相帮助，逐渐形成了社会。

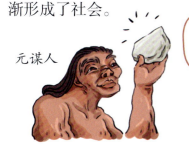

元谋人

刮削器，家用切割神器。

削木棒

削兽皮　切肉

知道不知道

上下五千年

不同的地形和气候让不同地方的人有了生活、文化上的差异。在古代，为了争夺资源，人们有时会打仗。可是仗打完了，生活还要继续，大家又开始交流、贸易，互相需要了。

◀ 曾几何时，许多人觉得南方又热又潮，没法居住。后来，经济重心不断南移，才有了富庶、美丽的南方地区。

我们在这里

把地图打开看一看，中国在亚洲东部，太平洋的西岸。如果把地球分成东、西两个半球，中国在东半球；把地球分成南、北两个半球，中国在北半球。这个位置算是好位置吗？

知道不知道 不冷也不热

中国是世界上陆地领土面积第三大的国家，南北纬度差了近50°。不过这南北跨度虽大，大部分却是在中纬度地区，属于北温带，不太冷也不太热，是适宜人类居住的好位置。

冬季

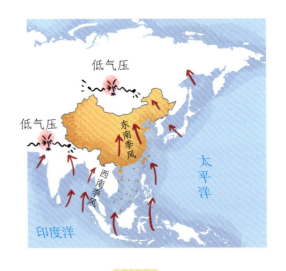

夏季

▲ 中国的地理位置带来一个显著特点：东半部具有大范围的季风气候，即冬季盛行大陆季风，寒冷干燥；夏季盛行海洋季风，湿热多雨。这个特点有利于农作物生长发育，但也容易出现台风、洪涝等气候灾害。

知道不知道　有陆地也有大海

中国的北、西、西南三面都是陆地，东边及东南方是广阔的太平洋。向西可以走进亚欧大陆腹地，向东可以"扑通"一声跳下海。既有海洋又有陆地，我们是一个海陆兼备的国家。

▶ 作为一个海陆兼备的国家，我们既可以在陆上与中亚、西亚和欧洲的国家交往，通过陆上交通运送货物；也可以在沿海地区兴建港湾，发展海运，用轮船向其他国家运送货物。

知道不知道

多彩的土地

中国的陆地领土约960万平方千米，这么大的面积，当然有各种各样的土地，比如种粮食的耕地，放牧的草地，被森林覆盖的林地，我们居住的小区用地，还有河流、湖泊流过的土地……

▶ 中国虽然土地数量多，但人口也多，还有很多难以利用的沙漠、永久积雪和冰川，所以耕地少，人均占有量就更少了。农学家们想了很多办法提高粮食产量、保护耕地，让有限的耕地产出更多的粮食。

我们到底有多大

中国有多大？也就比整个大洋洲陆地大一些，约相当于整个欧洲的面积吧。不仅如此，中国还是世界上唯一集齐山地、丘陵、高原、平原和盆地五种地貌的国家。

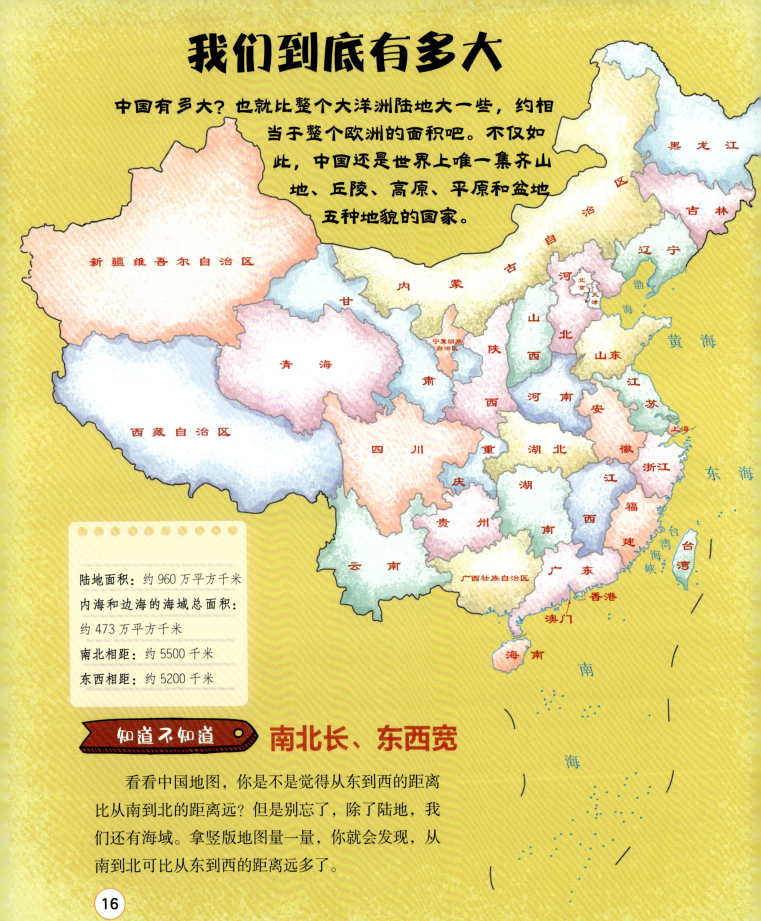

陆地面积：约 960 万平方千米
内海和边海的海域总面积：约 473 万平方千米
南北相距：约 5500 千米
东西相距：约 5200 千米

知道不知道 南北长、东西宽

看看中国地图，你是不是觉得从东到西的距离比从南到北的距离远？但是别忘了，除了陆地，我们还有海域。拿竖版地图量一量，你就会发现，从南到北可比从东到西的距离远多了。

知道不知道 东西有时差

中国虽然是南北长大于东西宽，但东西跨度也是很大的，仅时区就覆盖了5个。当住在最东边乌苏里江附近的渔民早起打鱼时，西端帕米尔高原上夜色正浓，牧民们裹着被子睡得正香呢。

▶ 中国幅员辽阔，跨了5个时区，如果每个时区的人都按照自己的时间过，那就乱套了。所以，全国统一使用北京时间。但发布时间的授时中心需要建在地理中心地带，科学家们选来选去，最终选在了陕西省西安市。

我们学校后天组织参观国家授时中心。

授时中心是干吗的？

简单说，就是发布北京时间的地方。

知道了。晚上几点结束？我去接你。

爸，国家授时中心在西安。

什么？发布北京时间的地方居然不在北京？

知道不知道 南北有温差

中国南北跨度大，使得南、北方的光照、气候有显著差异，特别是冬天，温度差别非常大，最高能差70℃。当北方千里冰封时，海南岛上还能穿短裤晒太阳，想想就觉得不可思议。

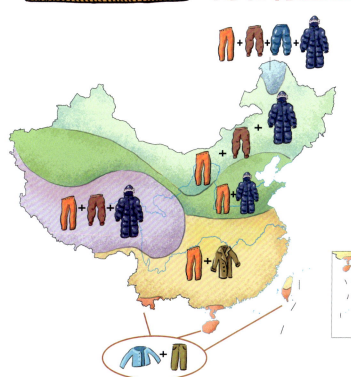

◀ 中国过冬地图。越往北方越冷，穿得越多；越往南方越暖和，穿得越少。中国最冷的地方在东北大兴安岭北部，那里冬天最低温度可达-40℃以下，羽绒服、羽绒裤、棉裤，都得穿起来。

知道不知道 5种地貌全都有

世界上有平原、高原、丘陵、山地和盆地这5种基本地貌，辽阔的中国大地一口气把它们全都集齐了。不过就是分布不平均，西部高原多，东部平原多，使得地势西高东低有点"斜"。

山地：山脉构成中国地形的骨架，常常是不同地形区的分界。山地地形崎岖，交通不太方便，但可以凭借山区优势，发展林业、矿产和旅游业

盆地：与周遭相比，盆地气候更稳定，适合发展农业。很多盆地地下蕴含丰富的矿藏，也很适合开采矿产

高原：中国高原主要分布在西部，根据气候、降水的不同，适合放牧或种植旱地作物和花卉等经济作物

▶ 多种多样的地貌为中国工业、农业生产提供有利的条件，我们因地制宜，利用地形条件综合发展。

丘陵：丘陵大多分布在东部地区，降水量较充沛，适合各种经济树木和果树的栽培生长

平原：平原地势平坦，交通便利，适合居住、种植粮食作物和建造大型工厂，是人口数量最多的地方

科普一下可好 美美的大中国

四姑娘山

奎屯大峡谷

从高山到峡谷

福建漳平永福樱花园

三亚亚龙湾

从陆地到海洋

知道不知道 生物大聚会

气候从干燥到湿润都有,气温从冷到热都有,海拔从低到高都有,海陆兼备,地貌也都配齐了,这么多有利条件,自然吸引了各种动物、植物、真菌等生物物种前来定居。

▶ 经过中国科学院生物多样性委员会的统计,2022年中国共有138293种已知物种及种下单元,除了常见的动物、植物外,还有广泛的真菌、细菌和病毒等我们平常不容易看见的物种。

科普一下可好 中国的珍稀动植物

朱鹮故乡在秦岭,刚发现时,数量稀少,只有7只

金丝猴的鼻孔很大、嘴唇很厚,这是为了适应高原环境进化出来的

大熊猫已经在地球上存在上百万年了,是非常古老的生物物种

丹顶鹤头顶鲜红,喜欢栖息在开阔的湿地里

大鲵就是娃娃鱼,因为叫声像婴儿啼哭,所以得此名

腾冲火山　米堆冰川

从火山到冰川

腾格里沙漠　大兴安岭

从沙漠到森林

三大阶梯里的华夏

几千万年前的中国和现在完全不一样，直到印度洋板块和亚欧板块发生大碰撞，**撞出了"世界第三极"——青藏高原**，也把中国大地变成了高、中、低三级阶梯。

"超级水塔"第一级阶梯

第一级阶梯海拔最高。高处不胜寒，雪多冰川多，融化的雪水汇成河，亚洲许多重要的河流都发源于此，比如长江、黄河，还有流经东南亚的湄公河（中国国内段叫澜沧江）。

◀ 印度洋板块和亚欧板块发生大碰撞，使得青藏高原剧烈抬升，形成高原、山系和盆地相间的地势。暖湿气流被高原上的高山阻挡，变成雨雪降落下来，汇成河流的源头。

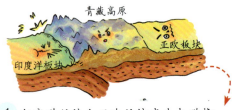

1 印度洋板块和亚欧板块发生大碰撞。

2 青藏高原剧烈抬升，吸入大量周围的空气。

3 水蒸气升空，遇冷形成降水。

4 雪水融化成小溪。

第二级阶梯，远近高低各不同

第二级阶梯的高原和盆地虽多，但景色却各有不同。塔里木盆地里藏着干旱的沙漠，云贵高原上却有非常多的湖泊。不知道它们会不会互相羡慕呢？

▶ 第二级阶梯的海拔也不低，但四川盆地是个"异类"。北部的秦巴山地拦住南下的冷空气，让四川盆地的冬天总比同纬度的其他地区温暖一点。

> 知道不知道

第三级阶梯坦荡荡

第三级阶梯地势低平，沃野千里。因为高山很少，东南部海洋的暖湿气流可以自由通行，给这里带来丰富的降水。又有平地又有湿润的气候，这样的地方当然会人口众多、经济发达。

▶ 如果没有青藏高原，中国南方地区会比现在干燥得多。青藏高原形成之后，将水汽引导到第三级阶梯，奠定了现代的季风系统，让东部变成绿洲。

感谢你让我变成富饶的鱼米之乡。

第一级阶梯

第三级阶梯

> 科普一下可好

绝美风景哪里找？

看阶梯之间的分界线——棱线。两条棱线上都是绵延的山脉，叫"线"真是委屈它了，用"带"更能表现它的宽广。不过不管它叫啥，如果你在寻找美景，看棱线准没错。

▶ 棱线的高低落差大，河流从高处倾泻而下，产生丰富的水能。因此棱线是修建水利枢纽的好位置。

一、二级阶梯棱线

二、三级阶梯棱线

东西南北的极限地

中国的版图像一只昂首挺立的"大公鸡",那么它的东、西、南、北端分别在哪呢?在"鸡嘴""鸡尾""鸡爪""鸡冠"吗?猜一猜,看看你的答案和下面的是否一致。

知道不知道　终于找着北啦

你觉得中国最北的地方是哪儿?北极村?NO NO NO,还不够北!为了找北,科学家们考察了好久,终于在黑龙江畔的乌苏里浅滩找到了真正的中国最北点。

▶ 中国最北点在黑龙江省大兴安岭地区漠河市的乌苏里卡伦浅滩,地理坐标为东经 123°15′30″,北纬 53°33′42″。

问题来了　海上怎么立界碑?

中国最南端曾母暗沙,常年藏在南海里不露头。陆地上还能立界碑,海上可怎么办?不怕!我们可以开船过去,往海里投放界碑,还能派军舰和海警去巡航,全方位宣示中国主权。

▶ 曾母暗沙属于海南省三沙市,位于北纬 3°58′,东经 112°17′,最浅处水深为 17.5 米,呈纺锤状。

知道不知道 最西点也是世界屋脊

中国最西点在帕米尔高原上。这个高原可不一般，也是世界屋脊。赫赫有名的天山山脉、昆仑山脉在别的地方可以"张牙舞爪"，但在帕米尔高原上，它们只能乖乖汇聚一处。

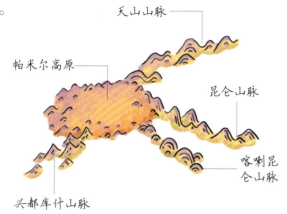

◀ 世界的肚脐就在帕米尔。帕米尔高原上，天山山脉、昆仑山脉、喀喇昆仑山脉和兴都库什山脉四条山脉汇合在一处，"山结"就是中国的最西点。帕米尔高原平均海拔超过4000米，主要山峰均在海拔6000米以上，是高度仅次于青藏高原的第二屋脊。

知道不知道 最早见到太阳的地方

中国的最东点在哪？舟山群岛的东极岛？那还不够东。眼光再放远些，不要总盯着东南沿海地区看。往上（北）走，黑龙江和乌苏里江交汇处的黑瞎子岛才是中国最东边的领土。

▼ 在东北方言里，"黑瞎子"指黑熊。因为岛上有黑熊出没，所以人们就把这座岛称作黑瞎子岛。

▲ 黑瞎子岛位于黑龙江省抚远市黑龙江和乌苏里江的交汇处主航道西南侧，是被江水冲击形成的三角洲。

握在一起的34双手

中国这么大，管理起来可不容易。所以，**中国划分了34个省级行政区。** 为什么不干脆说"省"呢？你仔细看，它们的名称可不一样，有省，有自治区、特别行政区，居然还有市！这是怎么回事？

知道不知道 跟省平起平坐的城市

为什么北京、天津、上海和重庆四个市能和其他的省平起平坐呢？因为这些城市实力强、人口多，放在哪个省里都不合适，为了能有更好的发展，只好单独设直辖市了。

- 我是中国的首都，做直辖市不过分吧？（北京）
- 我不仅是直辖市，还当过河北省省会呢。（天津）
- 听好了，我可是中国经济、金融、贸易、航运、科技创新中心。（上海）
- 我是最年轻的直辖市，也是面积最大的直辖市，还有个昵称是"雾都"。（重庆）

知道不知道 一个好汉三个帮

有些地区因为地理位置近、语言文化相似，明明不是一个省，却总会抱团出现。比如东北有三个省，但那里的人都自称是东北人。广东九市、香港和澳门也组成粤港澳大湾区，组团出现。

▲ 粤港澳大湾区位于珠江三角洲，是中国开放程度最高、经济活力最强的区域之一。大湾区在文化上同根同源，同属广府文化。

知道不知道 自己的事情自己管

中国是多民族国家，有的地方，同一民族住在一起，说自己的语言，跳自己的舞蹈，过自己的节日。国家就设置少数民族自治区、自治州、自治县（旗），让少数民族自己当家做主。

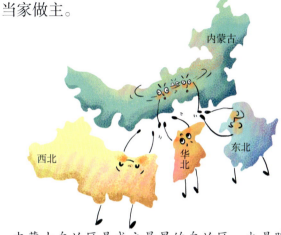

▲ 内蒙古自治区是成立最早的自治区，也是跨越经度最多的一个省级行政区，东北、华北、西北都有它的身影。

▲ 新疆维吾尔自治区与北京有2、3个小时的时差，所以生活在新疆的人们天天凌晨睡觉，早上9、10点上学。

▲ 广西特别爱换首府，贵港、桂林、南宁都做过它的政治中心。后来南宁成为广西壮族自治区的首府。

▶ 宁夏回族自治区曾是古代西夏王朝的核心区域。图为西夏王陵。

▲ 黑龙江、吉林和辽宁位于东北平原，三个省之间没有高山阻隔，交通方便，文化交流频繁，因此无论是语言文化还是生活习惯都很相近。

▶ 青藏高原的隆起让整个西藏的气候变得复杂多样，即使同一座山，从山顶到山脚也能经历四个季节。

知道不知道 方位为名字

长长的山脉和河流是天然的分界线,把人们分成山这边、河那边,所以很多省份名字里都带方位。不信你看,山东、山西,河南、河北,江西,云南,海南……

▶ "海南"二字是从"南海"演变而来的,"南海"早期指海域之南。

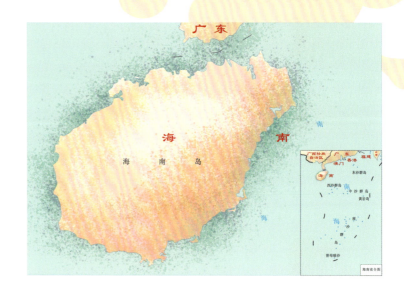

问题来了 有江西没江东?

既然有江西省,那"江东"去哪儿了?被拆啦!唐朝曾设江南东道和江南西道。江南西道逐渐变成了今天的江西省。江南东道因为太大,被拆来拆去,最终成了今天的江苏、浙江、福建和安徽。

共享经济"鼻祖"

安徽 江宁 江苏

▲ 清朝顺治时期,安徽和江苏曾经是一个省。后来因为各种原因被拆成两部分——安徽和江苏。刚被拆分的时候,两个省还曾共用过一个省会——江宁(今南京)。

知道不知道

羊肉泡馍区

说到西北,大家一定会想到陕西的羊肉泡馍。其实西北地区深居内陆,草场多,特别适合放牧。哪里的羊肉泡馍都很好吃,而且各有特色。

问题来了 谁更能吃辣？

那当然是长江中上游地区了。因为气候潮湿，人们吃点辣出汗，赶走闷热的感觉。因此四川、贵州、湖南、湖北的人特别爱吃辣。可要问哪个省的人最能吃辣，这可就难说了……

吃辣总决赛

四川：这在我们四川只能算微辣。

湖北：我大湖北的辣卤味堪称一绝，随便哪家街头小吃都能辣得你流泪。

湖南：辣卤味算什么，做我们湖南菜，就连油烟机里的烟都是辣味的。

贵州：辣椒面、辣蘸水、辣椒酱，我们贵州吃辣的花样最多了。

知道不知道 闽南风情

福建省"八山一水一分田"，有限的耕地养活不了太多人，很多人为了谋生便背井离乡来到台湾，使得台湾有了浓厚的闽南风情。

陕西羊肉泡馍：馍要经过掰、撕、掐、抖四个步骤，做成黄豆粒大小，才最有味。

甘肃羊肉泡馍：我们这花卷、馒头都能做成羊肉泡馍，万物皆可泡。

青海羊肉泡馍：来尝尝我们高原羊肉的特色风味。

56个民族 56枝花

除了人口最多的汉族,中国还有55个人数较少的少数民族。大家虽然都生活在中华大地上,但每个民族都有不同的民族魅力。**快准备好,前方高能,56个民族都来啦!**

知道不知道 我们可是有自治区的民族

大家一定对蒙古族、维吾尔族、壮族、回族、藏族这几个少数民族不陌生,因为他们都是有自治区的民族。不过这些民族的人可不全住在本自治区里,全国各地都有分布。

蒙古族的马头琴

维吾尔族的小花帽

壮族的壮锦

藏族的藏袍

回族的八宝茶

知道不知道 同一民族跨境而居

在国家的边境地区，许多民族虽然身处不同的国家，却说同样的语言，过同样的节日，他们就是跨境民族。中国有超级长的陆地边界线，这也意味着，我们有许多跨境民族。

1 塔塔尔族

2 柯尔克孜族的刺绣

3 撒拉族

4 京族

5 鄂温克族的驼鹿

①中国的塔塔尔族主要分布在新疆。出了中国，塔塔尔族在俄罗斯联邦、哈萨克斯坦等国都有分布。
②中国新疆的柯尔克孜族与吉尔吉斯斯坦的吉尔吉斯族是同一民族。
③撒拉族主要聚居在中国的青海和甘肃，中亚也有分布。
④京族是中国唯一的海洋民族，主要分布在广西南部的三个海岛上。京族也是越南的主体民族。
⑤鄂温克族是在森林中狩猎、生活的古老民族，在中国的东北地区，以及俄罗斯、蒙古都有分布。

知道不知道 人口最少的民族

有的民族人口特别少，只有几千人。不过就算人口少，也是我们中华民族大家庭的宝贝疙瘩！

虽然我们人很少，但好歹也是咱们这里唯一超过1万人的民族。

我们是人口最少的民族。

珞巴族　塔塔尔族　高山族　赫哲族　独龙族　鄂伦春族　门巴族

科普一下可好 跟国家名相近的民族

你有没有发现，一些少数民族的名字跟别的国家"撞名"了。这可不是巧合，这些民族不仅是跨境民族，还是某个国家的主体民族。

▶ 哈萨克族是驯鹰狩猎的好手，主要分布在新疆，与哈萨克斯坦同源。

▲ 朝鲜族最先在寒冷的东北地区种出水稻。他们由相邻的朝鲜半岛迁入，与朝鲜同源。

▶ 塔吉克族为塔吉克斯坦的主体民族，在中国主要分布在新疆。塔什库尔干是塔吉克语"石头城堡"的意思，是塔吉克族世代居住的地方。

▼ 爱吃"列巴"的俄罗斯族，主要从俄罗斯移居而来。

▶ 乌孜别克族是乌兹别克斯坦的主体民族，在中国新疆也有分布。有意思的是，中国叫乌"孜"别克族，但邻国却叫乌"兹"别克斯坦。

我们是全国人口最多的民族。

虽然够不上汉族人口的零头，但我们是人口最多的少数民族。

我们是人口第二多的少数民族。

问题来了 哪些民族人口多？

毋庸置疑，汉族是中国人口最多的民族，其他55个民族人口加起来还不到全国总人口的1/10。壮族是少数民族中人口最多的，其后是回族、满族、维吾尔族、苗族、彝族……

汉族

壮族

回族

知道不知道 集许多民族之最于一身

有一个省不是民族自治区，却以多彩的民族风情闻名国内外。那就是云南。全国56个民族，云南能找到52个！哈尼族、白族、傣族、彝族等25个少数民族更是世代居住在这里。

傣族寺庙

白族大理三塔

哈尼族梯田和房屋

▲云南是中国少数民族种类最多的地方、独有少数民族最多的地方和跨境民族最多的地方。

科普一下可好 云南没有哪些民族？

云南的民族虽多，但唯独没有裕固族、东乡族、珞巴族、赫哲族4个民族。裕固族和东乡族主要分布在甘肃，珞巴族主要分布在西藏，赫哲族主要分布在黑龙江。

知道不知道 多民族的贵州

贵州也是中国的民族大省，布依族、苗族，还有侗族、水族都有分布，各民族共同创造了多姿多彩的贵州文化。

我是仡佬族。你能念对吗？ 我是仫佬族。你能念对吗？

我们都是中华民族的一分子。

▼保安族起源于青海省同仁市隆务河边的保安城。
我们的族名来源于我们家乡的名字。

锡伯族　达斡尔族
你好，我的朋友。
达斡尔族　锡伯族
"东北三省"
新疆

▲锡伯族和达斡（wò）尔族原是中国东北地区的古老民族，清朝的时候西迁至新疆，因此，现在主要分布在中国的东、西两端。

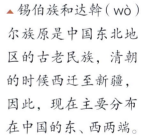

▲土族主要聚居在青海互助土族自治县。土族人家几乎都能酿造"酩（mǐng）酼（hǎi）"，即一种低度青稞酒。

长长的海岸线

中国的大陆海岸线很长，有1.8万多千米。不过海岸线虽然叫"线"，却不像一条线那么细。它是陆地到海洋的过渡地带，因此，更像一条宽宽的带子。

知道不知道　此处危险，不要停留

要问哪里的海浪最"凶"，绝对非基岩海岸莫属。山地和丘陵延伸到海边，因为没有沙滩做缓冲，海浪重重地拍在结实的岩石上，显得很凶猛，也形成了独特的海蚀地貌。

▶ 中国的基岩海岸主要分布在山东半岛、辽东半岛、杭州湾以南大陆与岛屿的沿岸。基岩海岸坡陡水深，适合建造港口。

知道不知道　平坦，不平庸

河流把携带的泥沙堆积在河口，形成地势平坦、岸线平直的平原海岸。平原海岸虽然平坦，但绝对不平庸。这里水源充足、物产丰富，特别适合居住，热闹又繁华。

东营黄河三角洲海岸

南通淤泥质海岸

晋江围头湾

知道不知道 神奇生物在这里

海岸可不光有硬邦邦的岩石和软塌塌的泥沙，还有神奇的生物。红树林与珊瑚礁凭一己之力，硬是拿下了"颜值担当"和"护岸卫士"双重头衔，是颜值和实力并存的典范。

◂ 红树林能从盐土里汲取营养，在海陆交接的潮间带上防风阻浪，抵御自然灾害。

▾ 珊瑚礁不仅能保护陆地免遭海浪侵蚀，还是许多鱼类、藻类和其他海洋生物的栖息地。

中国的生物海岸主要分布在南海诸岛、海南岛沿海、雷州半岛南部沿海、澎湖列岛和台湾南部及其附近岛屿，分为红树林海岸和珊瑚礁海岸。

科普一下可好 海岸线上有多忙？

海港： 在海岸线上建造港口，用大轮船把货物运往全世界。你吃的粮食可能就是由轮船从远方运来的。

海涂养殖业： 在平原海岸的边缘地带，有许多泥沙堆积的浅滩——海涂，非常适合养殖鱼、虾、贝类。

盐场： 开辟盐场，提取海盐。

能源开采： 利用海水的涌动发电，开采海底的石油、天然气资源。

娱乐： 当然是去海边旅游啦。

海岸保护： 人类活动、自然灾害等会使海岸线受损，科学家们要定期检测、保护海岸，有时还要潜入海中，修复受损的珊瑚礁和红树林等。

邻居，认识一下

中国的陆上邻国有14个，海上邻国有8个，是世界上邻国最多的国家之一。因为中国位于面积最大的亚欧大陆上，本身的面积又很大，所以，有这么多邻居也就不足为奇了。

知道不知道　最"高冷"的邻居

俄罗斯是中国最大的邻国，也是我们的邻居中最"高冷"的。因为纬度高，所以俄罗斯的冬天漫长又寒冷，特别是西伯利亚地区，产生的寒流能把人冻得瑟瑟发抖。

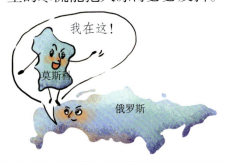

科普一下可好　国界线怎么划？

自然边界： 以山、河、湖、沙漠等为界。

人工边界： 两国商议确定。

▲ 俄罗斯的大部分国土都在亚洲，却是个欧洲国家。除了因为首都莫斯科在欧洲外，还因为大部分人口都集中居住在西部的东欧平原上。

知道不知道 — 陆上海上的双料邻居

朝鲜和越南都是中国的"老邻居"。它们不仅跟中国在陆地上做邻居，还都与中国隔海相望，连海上都要做邻居——朝鲜和中国隔着黄海，越南和中国隔着南海。

▲ 朝鲜位于朝鲜半岛北部，首都平壤。地势东高西低，许多河流都向西注入黄海。

▲ 越南位于中南半岛东侧，首都河内。越南的季节很有趣。靠近中国的北方受陆地气候影响，可以分春、夏、秋、冬四季；南方受南海影响，只分旱季和雨季。

知道不知道 — 最不像邻国的邻国

什么？阿富汗竟然也是中国的邻国？仔细看看地图，两国的"缘分"只有细长的瓦罕走廊。中、阿两国仿佛各伸出一根手指头，指尖一相触，就成了邻国。

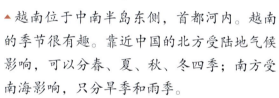

▲ 中国与阿富汗的边境线位于瓦罕走廊的东部，只有大约92千米。瓦罕走廊位于高寒地区，平均海拔4000米以上，很少有人在这里生活。

▼ 瓦罕走廊曾是古丝绸之路的一部分，玄奘曾穿越这里前往印度取经。

《西游记》中的玄奘取经

真实的玄奘取经

隔海相望的伙伴

除了相互挨着的陆上邻国，中国还有许多隔海相望的小伙伴。虽然隔着宽阔的海洋，可联系却一点儿也不疏远，**有的国家还会说汉语、写汉字，**让你以为自己根本没出国。

知道不知道 小且富的文莱

文莱的面积超级小，在世界地图上找了好半天才找到！不过这个小国家依靠丰富的石油、天然气资源，人民生活非常富足。

▲ 文莱的国土面积约为北京市的1/3。首都斯里巴加湾市。因为国土狭小、人口较少，所以农业和工业基础比较弱，很多生活物资都依赖进口。

知道不知道 跟中国差不多"宽"的"小"国

中国面积大，东西和南北都跨度大。可有一个国家，虽然总面积不到中国陆地面积的1/5，居然跟中国差不多宽，那就是印度尼西亚。印度尼西亚由1万多个分散在海洋里的岛屿组成，所以才会这么"宽"。

▼ 因有赤道穿过，印度尼西亚70%的领土都位于南半球，是亚洲少有的南半球国家。

> 知道不知道

这些国家也用汉字

在中国用汉字不稀奇,没想到还有许多国家也使用汉字!韩国、日本、马来西亚都深受汉字影响,他们有的借助汉字创造了自己的文字,有的甚至直接把汉字当作官方文字。

▼古代日本和韩国都没有自己的文字,在接触汉字后,就用汉字记录自己的语言。马来西亚分布着许多华人,所以很多人都会说汉语、写汉字。

韩国景福宫光化门

日本京都伏见稻荷大社的千本鸟居

马来西亚槟城丘公祠

> 知道不知道

河流很短的菲律宾

菲律宾位于热带,高温多雨不缺水,但令人意外的是,这里居然没有大河。菲律宾是个群岛国家,本来每个岛的面积就不大,岛上的地形还崎岖坎坷,所以河流也不长。

▲因为交通不便,菲律宾人总是迟到。

一年四季都好看

中国之大，三两句话说不完。宽广的纬度和起伏的地势让中国有了多样的气候，大海与陆地的联合让中国的四季多姿多彩。中国的四季能有多美，让我们一起来看看吧。

问题来了 春天在哪里？

春天来了，跟我一起去踏青！且慢，在辽阔的中国，春天可不是一下子就到来的。低纬度的云南等地已经春暖花开时，高纬度的东北还冷着呢，最早要等到4月才能入春。

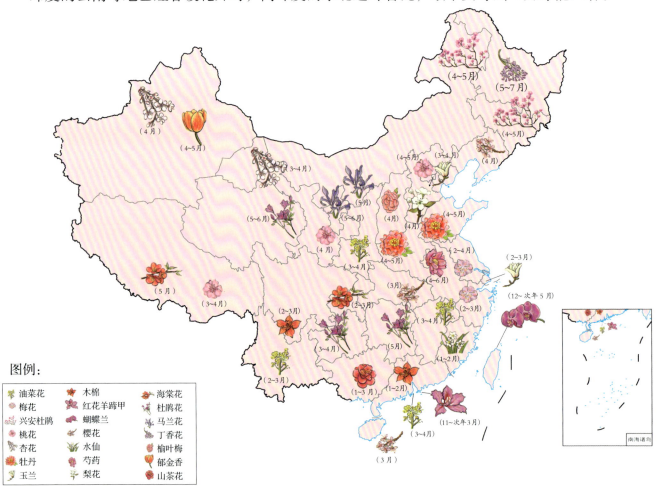

图例：
油菜花　木棉　海棠花
梅花　红花羊蹄甲　杜鹃花
兴安杜鹃　蝴蝶兰　马兰花
桃花　樱花　丁香花
杏花　水仙　榆叶梅
牡丹　芍药　郁金香
玉兰　梨花　山茶花

38

知道不知道 靠空调续命的夏天

炎炎夏日，又到了开着空调吃西瓜的时候了。东南季风区高温多雨，西北内陆炎热干燥。难不成要躲到海拔超高的青藏高原上才能避暑？不行，我要开个空调冷静一下！

山西太原人：中午有点热，开一会空调吧。

广东广州人：命都是空调给的，不仅要制冷还要除湿。

西藏拉萨人：空调？没必要。

科普一下可好 早穿皮袄午穿纱

有的地方过四季要一年，有的地方只要一天。新疆多戈壁、沙漠，白天太阳把沙石烤热，温度很快升高；但太阳下山后，沙石迅速降温。因此有"早穿皮袄午穿纱"的说法。

▶ 西北地区和青藏高原空气干燥，难以形成大面积的云层。没有云层保温，白天太阳直射大地，气温很高；太阳落山后，气温降得很低。为了应对温差变化，藏族人习惯穿保暖厚实的藏袍，气温升高时，就脱掉一只袖子来调节体温。

知道不知道 秋高气爽

要我说，秋季才是最舒服的季节！自从太阳直射点向南半球转移，北半球的风力变小，降水变少，抬头一看，嚯，云彩都变少了。怪不得人们总说"秋高气爽"，秋天是真的凉爽又舒适。

▶ 秋季也是候鸟南飞的季节。北京雨燕挥别北京，踏上迁徙之旅了。它们从北京出发，向西途经阿拉伯半岛，再向南飞往非洲西南部过冬。等来年春暖花开时，再回到北京。

科普一下可好 谁为秋天染色？

胡杨： 生长在西北干旱地带。新疆轮台县和内蒙古额济纳旗的胡杨林最为著名。

银杏： 原产于中国的特有物种，分布在全国中低海拔地区。浙江天目山分布有树龄高达上万年的野生银杏树。

枫树： 秋天温度降低时叶片会变红，全国广泛分布。湖南省长沙市岳麓山的枫树十分有名。

黄栌： 原产于中国。北京香山著名的红叶树林是黄栌而非枫树。

胡杨

银杏　枫树

黄栌

问题来了

你家的冬天下雪吗？

明明都是冬天，全国各地的"冷感"大不同。冬季太阳直射点在南回归线附近，南方本来就比北方暖和，再加上秦岭等东西走向的山脉拦住南下的冷空气，让南北的温差进一步加大。

辽宁（北方）

湖北（南方）

海南（南方）

▶ 在气候、地形、纬度等多个因素的共同作用下，中国冬季的南北温差比夏天大得多。北方被大雪包围时，南方可能还在下雨。而青藏高原地区海拔高，冬季更加寒冷干燥。

科普一下可好

同样纬度，为什么我们国家更冷？

这是西伯利亚地区积聚的寒流的"功劳"。西伯利亚地区简直就是"寒冷"的代名词，每到秋末，西伯利亚寒流兵分三路，把中华大地从北到南冻了个透心凉。

▶ 西伯利亚寒流分三条路入侵中国：西路从新疆入境，主要影响西部；中路从河套地区南下，主要影响中国中东部；东路从东北、华北北部一带进入，北方沿海地区的雨雪天气就是由它带来的。

英国利物浦　0°C

中国漠河　-31°C

北纬53°

大大的调色板

中国文化是美的，中国的颜色也是美的。不信？你听听：百草霜、竹月、天青、茜色……这些颜色都在哪儿呢？除了颜料，你还能在大自然中领略它们的秀美。

知道不知道 生于东北的玄黑

东北的冬天又冷又漫长，农作物要种一年才能成熟一次。但是，我们有全世界最肥沃的土壤——黑土地。这种土地全世界只有三块，硬生生把东北变成了大粮仓。

① 夏天，土地上长满植被。

② 冬天，植被枯萎腐烂，但地表排水不畅，腐烂的植被被冻土冻住，慢慢分解。

③ 数万年后，黑土出现了。

▶ 东北地区地势平坦，黑土集中连片分布，有"沃野千里"的美誉。适合种植玉米、大豆、马铃薯等耐寒的温带粮食作物，是中国重要的商品粮基地。

◀ 黑土的形成对环境要求很高。夏天要温和湿润，让植物尽情生长；冬天又要足够寒冷，能把枯萎的植物冻在土里，让其中的营养慢慢分解。经过数万年的累积后，才形成肥沃的黑土。

知道不知道　黄土高原的秋香色

秋香色是一种暗黄色。黄土土层深厚，非常适合农作物生长。唯一的问题是，黄土的土质疏松，大水一冲就跑。原本清澈的黄河流经黄土高原后，就变成了真正的"黄"河。

▶ 黄土地主要分布在山西西部、陕西北部、甘肃中部和东部，以及宁夏南部，属于干旱、半干旱地区，适合种植旱地作物。

知道不知道　长江以南寻胭脂

长江以南地区温暖湿润。大雨和高温联手，让土壤里那些活泼的元素都跑掉了，比较乖的铁元素待在土里，慢慢被空气氧化，土也好像"生锈"一样变成了红色。

◀ 中国的红土地主要分布在雨水充沛的长江以南地区的丘陵地带，以云南昆明东川的红土地最为著名。红土地适合种植茶、杉木等经济作物。

知道不知道　"天府之国"生黛紫

黛紫是一种暗紫色。在恐龙统治地球的时代，四川盆地有许多紫红色的砂岩，久而久之，砂岩风化变成土，也就成了紫色土。紫色土十分肥沃，四川能成为"天府之国"，就有它的功劳。

▶ 紫色土只能在中国见到，主要分布在四川盆地。紫色土富含磷、钾，尤其适合大豆、蚕豆等豆科作物生长。

知道不知道 森林草原，只此青绿

绿色的植被覆盖大地，上面的枝叶能净化空气，让气候变得湿润，能阻挡大风和沙尘，给动物们提供食物和住所；下面的根系能巩固土壤，留住水分；就连落下来的叶子，都能为土壤提供养分。

1. 土地上缺少植被，变得很荒凉，生活在这里的人苦不堪言。

2. 植被可以巩固土壤，抵御风沙侵袭。

3. 有了植被之后，气候稳定了，风沙变少了，环境变好了。

▲ 植被可以巩固土壤，防风固沙。人们在沙漠和绿地的边缘地区植树造林，用植物来抵御风沙侵袭。

▼ 西双版纳热带雨林是位于云南南部的神秘森林，也是无数动植物的王国。

▼ 呼伦贝尔大草原

知道不知道 群青浸碧水

蔚蓝的湖泊海洋好似半透明的群青色。它们滋润万物，冲出各种地貌；还能调节水量，让我们免遭洪水和干旱威胁；又是个天然"空调"，让冬天没那么冷，夏天没那么热。

◀ 中国的湖泊众多，但地区分布并不均匀，湖泊的类型也不相同。青藏高原上多内陆咸水湖，温暖湿润的长江中下游地区多淡水湖，干旱的西北地区则湖泊较少。

▼ 玉龙雪山，位于云南省丽江市境内的雪山群，是中国纬度最低的冰川。

知道不知道 皑如山上雪

中国西部的高山上海拔高，气温低，水汽到这里被拦下，直接变成雪覆盖在山顶。这些雪不会融化，时间久了，积雪压在一起，形成一个白色的冰雪世界——山地冰川。

科普一下可好 雪线，向下是四季，向上是长冬

雪山上有一圈神奇的线——雪线。雪线以上，因为寒冷，积雪不会消失；雪线以下，积雪会在温暖的季节融化，让山体本来的颜色显露出来。

盘点各省市之最

面积最大的省级行政区

让我们进入第一项比赛——谁是最大的省级行政区！有人可能会说，这还用问？答案很明显啊。真的是这样吗？话不多说，有请参赛选手们闪亮登场！

我们内蒙古从最东到最西，坐绿皮火车都要两天多！

我们西藏面积大约120.28万平方千米，超级大！

我们新疆166.49万平方千米，光是接壤的邻国就有8个。谁能比得了？

打扰一下，还有我呢！我们海南虽然陆地小，但是……

内蒙古

西藏

新疆

海南

我还有约200万平方千米的海域！

中国不仅有陆地，还有海域哟！

海南

海拔最低的省级行政区

要问海拔最高的省级行政区，大家肯定都知道，是珠穆朗玛峰所在的西藏自治区。那么中国海拔最低的省级行政区是谁呢？

我们四川大部分都在盆地里，盆地有高的吗？

四川在第二级阶梯，海拔高着呢！中国海拔0米的基准点就在山东，你说俺低不低！

四川　山东

山东还有泰山，江苏才是海拔最低的！我们大部分都是平原，海拔在50米以下，想找个高山都难！

哈哈哈，我要赢了！

江苏

江苏

水资源最丰富的省级行政区

中国水资源分布很不均匀。哪里的水多呢？是你们印象中的烟雨江南吗？

我们江南水乡水多！（浙江、江苏）

看，我身上的长江！我们水多！（湖北）

四川境内有大小河流1400多条，还有许多湖泊、冰川和沼泽，水资源丰富！（四川）

没想到吧？水资源最丰富的居然是我们西藏！没办法，西藏号称"亚洲水塔"，水资源总量、人均水资源量、单位面积水资源量、水能资源量都是全国第一！（西藏）

云南境内河流多、降水足，水资源总量列全国第三。（云南）

山区地形最多的省

中国集齐了各种地形，除了平原，当然还有起伏的山地。中国哪个省级行政区的山地最多呢？

我们重庆依山而建，地形崎岖，轻轨都得从楼里钻过去。（重庆）

我们就是山地之间有一些比较平缓的盆地而已。（云南）

福建"八山一水一分田"，平原只有一点点，其他地方都是山。（福建）

"地无三尺平"就是我们贵州！在贵州，要么在盘山公路上转圈，要么疯狂钻隧道，选一个吧！（贵州）

贵州别哭啦，山地也有山地的优势，你们的美景就很多啊。

▲ 山地和丘陵占贵州土地面积的92%以上，几乎没有平原，只有稍微平坦一点的地方。

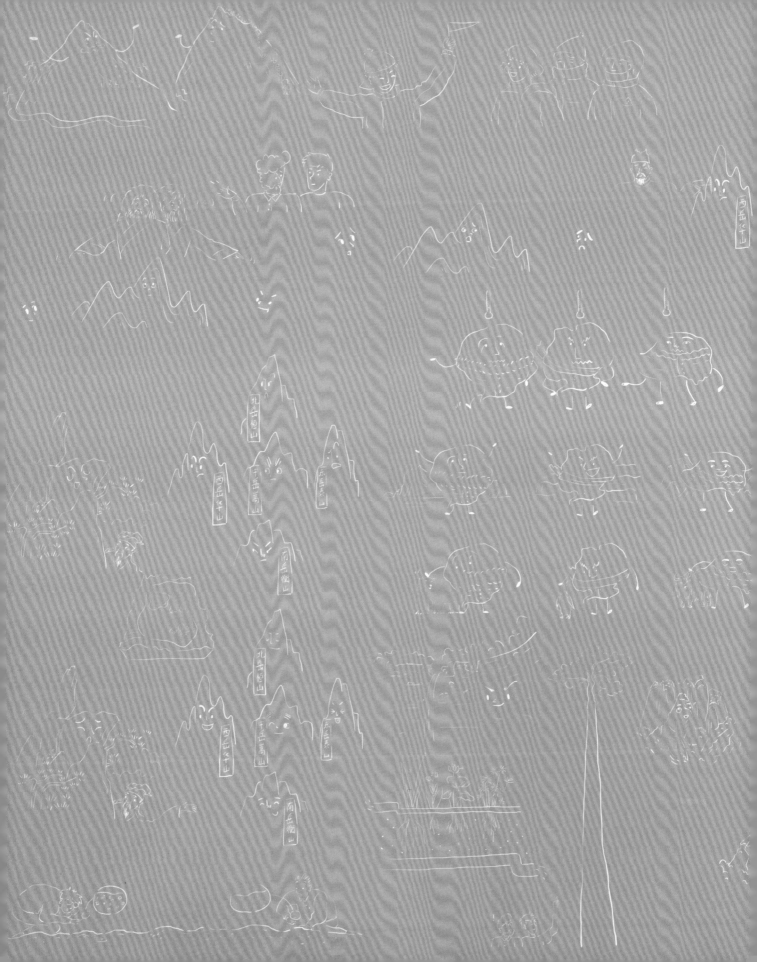

第二章
藏在地形地貌里的秘密

给高山排个名

如果给高山排个名，你就会发现——原来高山也喜欢"扎堆"，几乎都聚集在**青藏高原**这个**"世界屋脊"**上。高山的竞争有多激烈，让我们一起来领略一下吧。

知道不知道　最高的山脉喜马拉雅

喜马拉雅山脉是世界上最高的山脉，不过一个"高"字可概括不了它。这里还有世界上最美的冰塔林。冰流在冰川运动的作用下，形成冰塔，像一片壮观的冰雪丛林。

▶ 喜马拉雅山脉位于青藏高原的南部边缘，是世界上海拔最高的山脉，也是中国与印度、尼泊尔、不丹、巴基斯坦等国的天然国界。主峰是世界最高峰——珠穆朗玛峰。

科普一下可好　高峰云集的喜马拉雅山脉

喜马拉雅山脉不仅自己本身高，还是世界最高峰的聚集地。世界上海拔最高的十座山峰中，除了排第二的乔戈里峰外，其余山峰都属于喜马拉雅山脉。

- 南迦帕尔巴特峰，海拔 8125 米
- 道拉吉里峰，海拔 8172 米
- 安纳布尔纳峰，海拔 8091 米
- 马纳斯卢峰，海拔 8156 米
- 珠穆朗玛峰，海拔 8848.86 米
- 卓奥友峰，海拔 8201 米
- 洛子峰，海拔 8516 米
- 马卡鲁峰，海拔 8463 米
- 干城章嘉峰，海拔 8586 米

问题来了

比珠穆朗玛峰还高？

南迦巴瓦峰虽然海拔7782米，比不过珠峰，但算相对高度的话，珠峰从登山大本营到山顶只有3000多米，南迦巴瓦峰山下可是雅鲁藏布大峡谷，相对高度高达7000多米呢！

▶ 南迦巴瓦峰位于喜马拉雅山脉、念青唐古拉山脉和横断山脉的交会处，脚下是雅鲁藏布大峡谷。

珠穆朗玛峰 海拔8848.86米
我最高！

南迦巴瓦峰 海拔7782米
瞧瞧我脚下，这可是著名的雅鲁藏布江！你有吗？

海拔最低处：155米

我这里板块运动强烈，地震、雪崩经常有，所以我几乎没有被人类征服。你呢？

攀登珠穆朗玛峰的人都"堵车"了……

知道不知道

比珠峰还难登的乔戈里峰

虽然珠峰世界第一高，但在许多人心中，最难攀登的不是它，而是世界第二高峰乔戈里峰。乔戈里峰呈"金字塔"形，不仅山势险峻，而且气候恶劣。

知道不知道

不走寻常路

说的就是它——横断山脉。与青藏高原其他山脉的东西走向不同，横断山脉偏偏"个性十足"地选择了南北走向。而且它并非孤"山"作战，而是由许多平行的山脉共同组成。

▶ 横断山脉山高谷深、河流激荡，像一个多层"三明治"，一座山、一道河，一座山、一道河地排列。

邛(qióng)崃(lái)山
沙鲁里山
岷(mín)山
芒康山
大雪山
他念他翁山
岷江
伯舒拉岭
大渡河
雅砻(lóng)江
高黎贡山
金沙江
怒江
云岭
怒山
澜沧江

珠穆朗玛峰上看中华

珠穆朗玛峰是喜马拉雅山脉的主峰，也是世界海拔最高的山峰。这个"世界第一"的头衔，吸引了许多勇士前来攀登。珠峰到底有多高，攀登它又会有多难呢？

知道不知道　身高不稳定

攀登珠穆朗玛峰很难，给它测量身高更不容易。因为地壳运动等原因，珠峰的身高总在不断变化，而且有人觉得应该算总高（包括山顶的雪盖），有人觉得要算裸高（只算岩面高度）。

▲ 中国一共对外公布过三次珠峰的高度，分别是 1975 年测量的 8848.13 米（岩面高度）、2005 年测量的 8844.43 米（岩面高度）和 2020 年测量的 8848.86 米（总高度）。

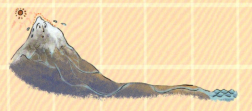

1. 亚欧板块和印度洋板块继续较劲，珠峰又被抬高了一点。

2. 珠峰上面刮风下雨，带走了石块碎屑，让珠峰的个子又矮了一点。

3. 太阳把珠峰上的冰川融化，雪水流进海里，把海平面抬高，珠峰的个子又矮了一点。

▲ 测量珠峰可以让我们更好地了解地球的板块运动。

问题来了 从哪儿爬？

珠穆朗玛峰位于中国和尼泊尔边境，想要攀登它，要么从中国一侧的北坡上去，要么从尼泊尔一侧的南坡上去。中、尼两国都在珠峰脚下设立珠峰大本营，供登山者使用。

▸ 北坡攀登珠峰的路线，1960年中国登山队首登。这条路线路短，但坡度更陡。

▸ 南坡攀登珠峰的路线，1952年由瑞士登山队发现。这条路坡度较缓，但是路线更长。

问题来了 哪个是珠穆朗玛峰？

珠穆朗玛峰虽高，但其实看起来并不是特别突出。因为它附近还有洛子峰、马卡鲁峰等好几座海拔超过8000米的高峰。它们的存在，让本就很高的喜马拉雅山脉显得更加高不可攀。

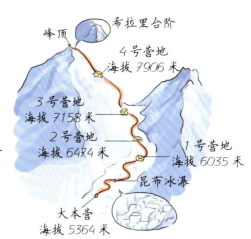

欢迎来到珠峰国家级自然保护区的加乌拉山口。

好激动，马上就要看到高大的珠峰了！

群峰出现。

哪个是珠峰啊？

▾ 佩枯错为珠峰保护区内最大的内陆湖，湖面海拔4590米，南边的湖水为淡水，而北边的湖水为咸水。

知道不知道 不只皑皑白雪

在人们的印象中，珠穆朗玛峰是肃杀的冰天雪地。但如果把视野放宽，你就会发现，珠峰脚下还有一片绿色世界，有花、有树、有人家。山峰两侧的河谷地区，甚至还有原始森林。

山西山东的山

山东、山西，啥山那么厉害，让两个省以它为名？太行山！这条山脉存在感特别强，是很多地理位置的分界线。而且它又长又难爬，很多大名鼎鼎的文人都写诗抱怨过。

知道不知道 一山隔出两世界

太行山并非一个山头，而是一条超长的山脉。它不仅是华北平原和黄土高原的分界线，还刚好在中国第二、三级阶梯的棱线上，也是北方地区地理和气候的分割线。

▶《愚公移山》的故事大家都熟悉，愚公率领众人移开的其中一座山，就是太行山。

▲太行山位置险要。古人开辟出八条交通要道来翻越太行山，它们就是太行八陉(xíng)。

知道不知道 一座有矿的山

今天的太行山是山，但数亿年前，这里还是一片汪洋。地壳运动用数亿年时间，把大海变成满是森林的陆地，又用数万年时间把森林"捂"成煤。所以今天的太行山拥有丰富的煤炭资源。

问题来了 明明不挨着，凭啥叫东、西？

从金代开始，山西和山东这两个名字中的"山"就指太行山，但两个地方的地盘都比现在大得多，也有接壤。明朝时调整划分，从山东分出一部分地区。从那以后，山东和山西就挨不着了。

▲ 太行山脉上的名山

知道不知道

一条山脉景色不同

太行山脉号称"八百里太行"，人们把它分成北太行、西太行与南太行三段。南太行平缓秀美，北太行险峻陡峭，西太行位于黄土高原的东缘，额外多了独属于黄土地的苍茫。

山不在高，就是有名

要比**个头**，哪座山都赢不了**喜马拉雅山**。

但要比名气，中国的名山可真不少。那些我们耳熟能详的名山早就化身为传奇，被人们反复提及，让人心生向往……

知道不知道　神一样的存在

古人不能坐飞机上天看一看，所以在他们的印象中，有些高山是与天相连的。在古人心里，许多天上的神仙就住在这些山上，比如昆仑山和天山。

1　我的名字跟"天"有关。——天山　　我的名字也跟"天"有关。——昆仑山

2　你的名字哪有"天"字？——天山　　"昆仑"音似"穹窿"，"穹窿"就是天，所以昆仑＝天。——昆仑山

▲ 天山是世界上距离海洋最远的山系。它不是一座山，也不是一条山脉，而是由北天山、中天山、南天山三列山脉组成的山系。天山拦截了北冰洋方向的水汽，使得天山沿线出现绿洲。因此商旅都会沿着天山穿行，天山也就成了东西方文化交流的通道。

▶ 昆仑山：中国西部的主要山脉，是青藏高原和塔里木盆地的分界线。在中华文化中，昆仑山是"万山之祖"，是华夏民族的"龙脉之祖"。

两座神山都是我的家。

知道不知道 开武林大会

武当山位于湖北省丹江口市。这里的武当派注重内家拳的学习与训练，是中华武术的重要组成部分。

青城山位于四川省成都市都江堰市。青城武术也是中华武术的重要组成部分。

峨眉山位于四川盆地边缘的乐山市，有"峨眉天下秀"的美称。峨眉山也是中国武术的发源地之一。

嵩山位于河南省郑州市登封市，"五岳"之"中岳"。山上的少林寺是中国武术的发源地之一。

华山位于陕西省华阴市，"五岳"之"西岳"。华山山体陡峭，古人以为是被神仙劈开的，因此诞生出许多劈山的神话传说。

知道不知道 国民度最高

有没有哪座山是男女老少都知道的呢？有人说肯定是庐山，背的古诗里总出现；还有人说是泰山，因为它是皇帝们的最爱；还有人说是黄山，因为"黄山归来不看岳"……

庐山

庐山去咸阳，道里三四千。
——白居易

飞流直下三千尺，疑是银河落九天。
——李白

不识庐山真面目，只缘身在此山中。
——苏轼

顾恺之

▲ 敢跟"五岳"叫板的黄山位于皖南山区，交通不便，评选"五岳"的时候，大家还不知道它的存在呢。

高原中的老大

要比高度，在青藏高原面前，其他地方都是"弟弟"！"世界最高高原"可不只是名号响亮，**青藏高原**还对**中国乃至世界**的地理环境产生**深刻影响**，是名副其实的风水宝地。

知道不知道 风水宝地之"风"

青藏高原太高了，路过这里的风要么绕道，要么在它的影响下变得更强劲。尤其是冬天，由于有"高处不胜寒"的特殊加成，青藏高原上形成冷高压，加强了冬季风的威力。

▶ 青藏高原海拔高，使得冬季的西风被迫绕行，分为南、北两支气流。北支气流影响中国西北和北部地区；而南支气流变成了温润的西南气流，影响中国西南和南方地区。

知道不知道 风水宝地之"水"

青藏高原不仅是很多大江大河的源头，还有世界上最大的高原湖泊群。不过总有人犯嘀咕，这水都是从哪儿来的啊？抬头看，高耸的雪山上，不都是固态的水——冰和雪嘛。

▶青藏高原拥有大量冰川，仅次于南极和北极，被称为"亚洲水塔"。这里的气候和水量变化会影响周边地区，因此气候学家把青藏高原视为全球气候变化的"指示器"。

知道不知道 高极，真高级

除了南极、北极，青藏高原也是地球一极——"高极"。这里不仅像南北极一样气候寒冷、处处是冰川，还有身为地球最高极的特点，那就是空气稀薄，气压低。

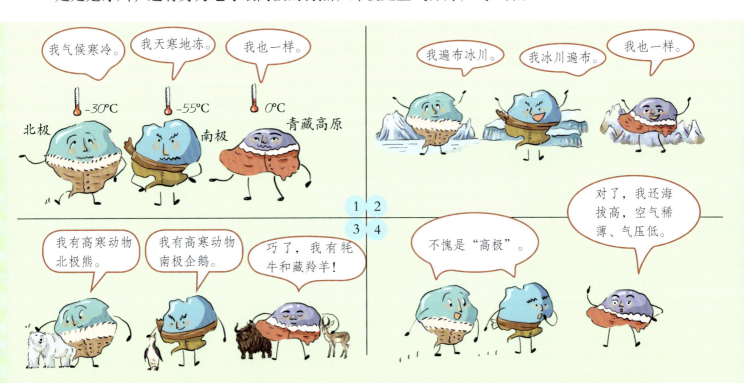

▲牦牛和藏羚羊是广泛分布于青藏高原上的珍稀动物，能适应高海拔地区的严寒气候，与南极企鹅、北极熊一样属于高寒动物。

你从哪里来,黄土高原的土

作为中国四大高原之一,黄土高原不仅**面积大、位置居中**,还有个光听名字就能知道的特点,那就是**遍布黄土**。不过你有没有思考过这样一个问题,这些黄土都是从哪儿来的呢?

知道不知道 大风刮来的

很多黄土都不是"原住民",而是"外来客"。大风把中国西北甚至中亚地区的沙粒粉尘卷走,带到黄河流域后带不动了,沙粒粉尘堆积下来,成了黄土高原。

知道不知道 人类自己作的

黄土高原是中华民族的发祥地之一。因为适宜生存，来这里的人便越来越多，为了填饱肚子，只好把林地和草地开垦成农田。过度开垦使植被减少，土变得更多了。

▶ 新石器时代，人们在这里捕鱼、狩猎。

新石器时代

▶ 秦汉时期是中国农业发展的第一个高峰，农耕文化大举进入黄土高原，林地和草地被开垦。

汉朝

▶ 黄土高原上人口不断增加，植被变得越来越少，水土流失越来越严重……

清朝

科普一下可好 黄土高原的塬、梁、峁

如果用一个词来形容黄土高原，那只能是"千沟万壑"。黄土松散，在水年复一年的冲刷下，地面出现许多沟壑，把整个高原切割成无数塬（yuán）、梁（liáng）、峁（mǎo）。

▲ 塬：周围有深沟，但顶面面积较大且平坦开阔的地形，适合居住和耕种。

▲ 梁：长条状的黄土丘陵。

▲ 峁：顶部浑圆，坡面较陡的黄土丘或小山包。

是真是假，盆地竟比高原高？

真！

因为无论**盆地**还是**高原**，都是一种地形，是相较于周边的海拔而言的。如果盆地正好在"巨人的肩膀"上，自然而然个子也不会矮。例如**柴达木盆地**，中国四大盆地之一，也是中国海拔最高的盆地，海拔高2600~3000米。

问题来了　中国四大盆地在哪里？

中国的盆地有很多，但是最大的就是这四个，面积都不小：塔里木盆地50多万平方千米，准噶尔盆地30多万平方千米，柴达木盆地约25万平方千米，四川盆地约20万平方千米。

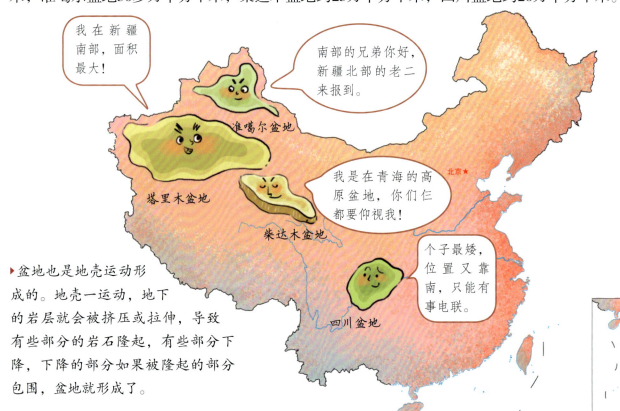

▶ 盆地也是地壳运动形成的。地壳一运动，地下的岩层就会被挤压或拉伸，导致有些部分的岩石隆起，有些部分下降，下降的部分如果被隆起的部分包围，盆地就形成了。

知道不知道　大有来头的"住户"

塔里木盆地中住着几位超级明星，有中国最大的沙漠——塔克拉玛干沙漠，有神秘的罗布泊、消失的楼兰古国，还有世界上最集中、保存最完整的原始胡杨林。

问题来了　海拔最低的盆地是什么？

吐鲁番盆地前来报到，这里海拔最低处是个负数，-154.31米。除了这个特点，它还是中国夏季温度最高的地方，曾经创下过49.6℃的纪录！

知道不知道　从高原"降级"为盆地

▶鄂尔多斯盆地是中国探明储量规模最大的页岩油油田、整装气田，煤炭探明储量也位居全国首位。

鄂尔多斯盆地大概是最"纠结"的盆地，因为历史上人们习惯称它为鄂尔多斯高原。虽然它个子很高，但周围的兄弟比它个子更高，所以，没办法，它只能被"降级"为盆地了。

丘陵，仰视山地俯视平地

什么地形"身高"不高，但景色还不错？就是**丘陵啦**。虽然一般**海拔高度不超过500米**，但也有连绵成片的山丘。没错，丘陵就是既能俯视平地，又能仰望高山的特别存在。

问题来了　为啥都在东边？

丘陵似乎都在东边，西边是不讨它们喜欢吗？非也，这都是地质运动的结果。数千万年前，西部抬升形成高原，但东边却没得到这个机会，只是形成了低矮的平原和丘陵。

中国的丘陵面积约占全国总面积的10%，主要分布在东部地区，其他地区的丘陵分布较少。因为西部地势高，所以多高原和山地。

知道不知道　被"一览众山小"的丘陵

山东丘陵的特点是低缓山岗与宽广谷地相间。翻译一下，就是一片海拔不足500米的丘陵里会突然窜出海拔千米高的高山，比如泰山等。有丘陵的衬托，还怕不能一览众山小吗？

西岳华山（海拔2154.9米）

北岳恒山（海拔2016米）

东岳泰山（海拔1532.7米）

知道不知道 — 最大的丘陵

东南丘陵是东南所有低山丘陵的总和,它不仅是中国面积最大的丘陵,在世界范围内都能排得上号。因为纬度低、气候湿润,东南丘陵的"颜值"也是中国丘陵里数一数二的。

▲ 东南丘陵地区的降水较为充沛,很多地方虽然不适合种植农作物,但林木、果树以及茶树可以茁壮生长。丘陵之间的山间盆地和河谷平原也可以开辟成农田。

▲ 丘陵地区缺少可以耕种的平整土地,很多人为了生存,不得不外出打拼。徽州以及附近的人外出经商,成了明清时期著名的商帮——徽商。

科普一下可好 — 把丘陵磨平

一些丘陵地区水源充沛,十分适合拿来种地。可丘陵起起伏伏,没有平地怎么办?自己造!人们沿着山坡修筑梯田,建起能种水稻还能顺便养鱼蟹的立体农田。

◀ 中国修筑梯田的历史悠久。人们用堤坝把丘陵变成层层梯田,构建起壮观的人造景观。

平原，个头不高本事不小

走过高山深谷，接下来就到**平原**啦。可能你要问了，平原不就是一大块**平坦的土地**嘛，能有什么好看的呢。放心，"平平"的后边可不一定要接"无奇"，也可能是一片**壮观景色**呢……

知道不知道　平原里面我最大

东北平原的规模跟东北菜一样，分量大。放眼望去，到处都是肥沃的黑土地，要几十台机器并排耕地才过瘾。不仅如此，东北平原地上有森林、地下有石油，可谓物产丰富。

◀ 东北平原是中国最大的平原，位于中国东北部，由三江平原、松嫩平原和辽河平原组成。东北平原是中国重要的林区，地下有丰富的石油资源。

知道不知道　这片平原钱多多

长江中下游平原不仅风景美，而且经济发达。密集的河网让这里自古就能发展运输业和商业，湿润的气候又让这里成为鱼米之乡。又美又富，让人羡慕。

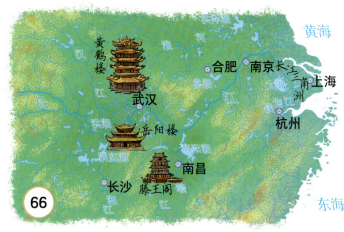

◀ 长江中下游平原不仅是河网密布的"水乡泽国"，还是农业发达的"鱼米之乡"。

知道不知道 人气最旺的平原

说到人口最多的平原，那肯定是华北平原。这里不仅工业、农业发达，而且城市密布，从古到今都是中国的政治、文化中心，全国近1/4的人口都生活在这里。

▲ 华北平原是中国古代文化的摇篮，许多古老的城市和名胜古迹都能在这里见到。

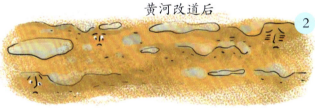

▲ 华北平原总体上一望无际，但由于历史上黄河多次改道和决口，平原中部留下许多河水冲出的坡地、洼地、古河道沙地等地形，因此局部地区显得坑坑洼洼的。

科普一下可好

闽南丘陵平原，到底是丘陵还是平原？

是平原。福建是个多山地、丘陵的省份，但在东南沿海地区，丘陵之间出现了地势相对平坦的河口平原。因为是丘陵之间的平原，所以叫丘陵平原。

▶ 福建"八山一水一分田"，想找块平原是真的难！

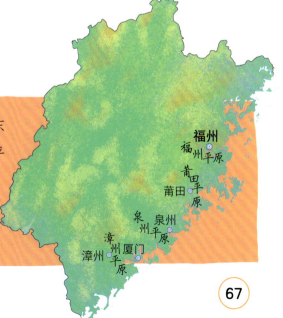

高原、盆地、平原、丘陵、山地有可能住在一起？

高原高，盆地低，平原平，山地、丘陵起起伏伏。 差别那么大的地形，能在一个地方共存吗？当然能啦，有些地方就是不甘"平淡"，把各种地形统统收入囊中。

知道不知道　全国最全，没有之一

河北省让人明白什么叫"你想得到的地貌我都有"。无论是起伏的山地、丘陵，还是海拔差异巨大的高原、平原、盆地，河北一个不落，均有分布，不愧是全国地貌最全的省。

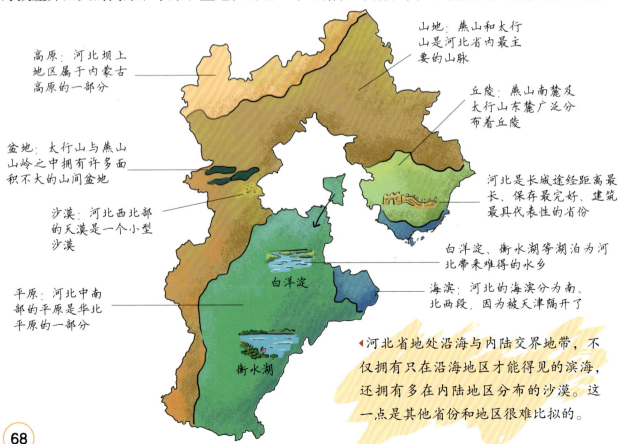

高原：河北坝上地区属于内蒙古高原的一部分

山地：燕山和太行山是河北省内最主要的山脉

丘陵：燕山南麓及太行山东麓广泛分布着丘陵

盆地：太行山与燕山山岭之中拥有许多面积不大的山间盆地

沙漠：河北西北部的天漠是一个小型沙漠

河北是长城途经距离最长、保存最完好、建筑最具代表性的省份

白洋淀、衡水湖等湖泊为河北带来难得的水乡

海滨：河北的海滨分为南、北两段，因为被天津隔开了

平原：河北中南部的平原是华北平原的一部分

白洋淀

衡水湖

◀河北省地处沿海与内陆交界地带，不仅拥有只在沿海地区才能得见的滨海，还拥有多在内陆地区分布的沙漠。这一点是其他省份和地区很难比拟的。

知道不知道

地形复杂的"南大门"

广州可以说是中国的"南大门"。不过要想走进南大门，你可能还得翻山越岭，因为广东不仅有江河冲击出来的三角洲平原，还有一条条山川和密密麻麻的丘陵和盆地。

潭岭天湖：广东最爱下雪的地方

丹霞山

珠江三角洲：珠江水系在河口冲击形成，是广东最大的平原

粤北地区：山地为主

粤东地区：山地丘陵

粤西地区：山地丘陵

大陆海岸线：4100多千米的超长海岸线，位居全国第一，是建造海港的好地方

青岚地质公园：怪臼（jiù）由流水侵蚀而成

雷州半岛多为台地丘陵

知道不知道

"上天入地"的四川

提到四川，很多人只能想到四川盆地。我们堂堂大四川难道整个坐在盆地里吗？当然不！四川的地形复杂着呢，不仅有盆地，还有山地、高原，说"上天入地"都不过分。

知道不知道

在一个县里相遇

别看方城县面积不大，却集齐了山地、丘陵和平原这三种差别巨大的地形。这个县刚好位于盆地、山区的交界处，让三种地形有了"三分天下"的机会。

▶ 方城县位于河南省西南部，隶属于南阳市。楚长城位于县城北部的伏牛山上，为春秋战国时期楚国所建，是中国最早的长城之一。

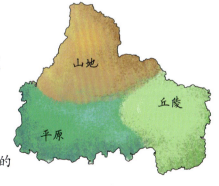

风吹草低见牛羊

有些地方降水量少、土层较薄，长不出高大的树木，唯有生命力旺盛的**小草**能顽强地生长，组成**壮观的草原**。**中国**有很多**草原**，**草原面积**比现有的**耕地面积大得多**。

季军：新疆的草原

能在高原上生长的草原不足为奇，新疆的伊犁草原可是敢跟荒漠对峙的倔强草原。因为地处内陆，所以新疆多荒漠。但草原却毫不退缩，长驱直入，占领了新疆面积的1/3。

▼ 新疆的草原位于天山脚下的盆地之中。从西边过来的湿润气流被天山阻挡，为草原的形成提供得天独厚的条件。

那拉提草原

巴音布鲁克草原

亚军：最强草原联盟

如果票选国民度最高的草原，"内蒙古草原"绝对拔得头筹。但"内蒙古草原"其实是地处内蒙古的草原的统称，它们个个水草丰美、面积广阔，是当之无愧的中国最佳天然牧场。

呼伦贝尔草原：内蒙古最大的草原，因为草原上有呼伦湖和贝尔湖而得名

锡林郭勒草原：国内唯一被联合国教科文组织纳入国际生物圈监测体系的自然保护区

科尔沁草原：内蒙古唯一位于大兴安岭以东的草原

乌兰察布草原：因草原类型多样而被称为"草原博物馆"

冠军：最低调的冠军

什么？内蒙古草原居然不是面积最大的草原？没错，西藏的草原才是面积最大的。不过西藏海拔高，草原面积虽大，但很脆弱，承载不了太多牲畜，所以名气没有内蒙古草原那么大。

▲西藏的那曲高寒草原平均海拔超过4200米，虽然地处高寒地带，但降水较为充足，草本植物生长旺盛。高寒草原上生活着许多独特的野生动物，比如牦牛、藏羚羊、藏野驴等。

科普一下可好　我真的不是在西藏

藏袍、锅庄舞……这个像西藏的地方为什么叫川西草原呢？因为它就在四川啊！看看地图，四川可是跟西藏紧挨着。四川有三个藏族自治州，许多藏族符号在这里也能看到。

你好，你是西藏哪里人啊？

我是四川人……

啊？你不是藏族吗？

对呀，我是住在四川的藏族人。有什么问题吗？

1　　　　　　　　　　2

森林，从哪里来，到哪里去

森林是无数树木的结合体，也是无数动植物的家。 中国森林面积虽然不算太大，但类型很丰富，从寒冷的针叶林到温暖的热带雨林，你想得到的森林模样，我们全都有。

知道不知道 最"刚"的树林

提到胡杨树，谁人不得夸一句："真刚！"胡杨耐寒、耐旱、耐盐碱、抗风沙，明明是高大的乔木，却能在沙漠里顽强生长，是人们心中千年不死的活化石。

塔里木胡杨林：位于新疆塔里木盆地北缘，是世界上分布最集中、保存最完整的原始胡杨林

金塔胡杨林：人工种植的胡杨林，位于甘肃酒泉金塔县，为三北防护林体系的一部分

额济纳旗胡杨林：位于内蒙古阿拉善盟巴丹吉林沙漠中的原始胡杨林

①北京
②天津
③宁夏回族自治区

▲胡杨有"生而千年不死，死而千年不倒，倒而千年不烂"的传说，曾广泛分布于中国西部的暖温带地区。如今，全国 80% 以上的胡杨林都分布在新疆塔里木盆地。

知道不知道 发现了一片娇艳的森林

森林都是由绿树组成的吗？不，白马雪山自然保护区就有由高山杜鹃花组成的森林。高山杜鹃耐寒，零下十几度都可以安全过冬，完全有能力伴着白雪绽放，成为最娇艳的森林。

▶白马雪山自然保护区位于横断山脉的中段，是云南省海拔最高、面积最大的自然保护区。

知道不知道 被森林耽误的山脉

大兴安岭明明名字里有个"岭"字，但是大家一提到它，就会想到原始森林。没办法，作为森林，大兴安岭实在是太有名了，以至于有时大家都忘了它还是一条山脉。

▲ 大兴安岭拥有中国面积最大的原始森林，也是中国唯一的寒温带针叶林区。大兴安岭有兴安落叶松、樟子松、白桦、红毛柳等树种，树干都笔直高大，有的树长到60多米，树干仍然笔直。

知道不知道 热带雨林的北界极限

热带地区有热带雨林没啥特别的，但云南西双版纳居然也有！西双版纳位于热带北边极限之地，差一点儿就出热带了，可这里的热带雨林面积大、保存好，实在是太不容易了。

▶ 很长一段时间，外国地理学者都认为北纬21°不可能有热带雨林，但西双版纳用事实狠狠地打了国外专家的脸。西双版纳靠近印度洋和孟加拉湾，可以接收暖湿气流，而北部的哀牢山、无量山挡住寒流南下，形成适合热带雨林发育的温暖湿润气候。

中华大漠简史

沙漠地区的地面全部被**沙子覆盖**，干**燥缺水**，就连动植物都很少，感觉一片**荒芜**。中国拥有的沙漠面积和数量在世界范围内都能排在前面，而且主要集中在西北地区。

知道不知道　沙漠也要美美的

沙漠可不只"一盘散沙"，而是有各种形状的沙丘、沙山和沙垄，还有像水波纹一样的沙波纹。这是风的"巧手"，给沙漠镶上了各种各样的花边，把沙漠打扮得美美的。

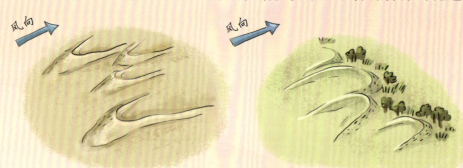

▲缺少植被的流动性沙丘经常会随风改变形状。沙丘的迎风面凸出，多呈现新月状。

◀固定、半固定沙丘容易形成抛物线状沙丘。与新月形沙丘相反，抛物线状沙丘的迎风面是凹进去的，因为有植被覆盖的地方能将沙丘固定住。

▶博斯腾湖位于新疆焉耆(qí)盆地，是中国最大的内陆淡水湖。

科普一下可好　沙漠清泉

虽然数量稀少，但沙漠中也有河流和湖泊。沙子的下面会形成地下河，有的水流还会在某个地方冒出沙面，形成沙漠清泉，成为沙漠里最为重要的水源。

▶月牙泉位于甘肃敦煌鸣沙山北麓，有"沙漠第一泉"之称。

知道不知道 也有乖巧和淘气之分

固定沙漠有很多耐旱植物"护体",风吹不动,总是乖乖待在原地。流动沙漠就很淘气,风一吹就跑。半固定沙漠有时爱跟固定沙漠玩,有时又跟流动沙漠是好朋友。

▲ 沙漠按照流动程度可分为固定、半固定和流动沙漠。固定沙漠是指植物覆盖率大于40%或表面有一层结皮,在风力作用下不发生位移的沙丘。位于准噶尔盆地的古尔班通古特沙漠是中国面积最大的固定、半固定沙漠。

▲ 流动沙漠的地表植被稀少,可在风力作用下顺着风向移动。塔克拉玛干沙漠就是一个流动沙漠。

半固定沙漠变成流动沙漠

半固定沙漠变成固定沙漠

▲ 半固定沙漠是介于流动沙漠与固定沙漠之间的一种不稳定的沙漠,一般随着植被覆盖度的增大而转变为固定沙漠;如植被遭到破坏,也可能转变为流动沙漠。

地球上的大海绵

湿地既不是陆地也不是水域，感觉一点也不好玩。虽然名字平淡无奇，但湿地能**调节水量、改善水质、调节小气候**，还是**动植物的乐园**……所以，说它是地球的主宰一点都不为过。

知道不知道 绿色的游乐园

想不到吧？看起来安安静静的湿地其实是一个热闹的游乐园，到处可见天上飞的、地上跑的、水里游的，肉眼看得见和看不见的动物、植物等大大小小的"游客"。

▲新疆巴音布鲁克湿地：位于天山南麓，由沼泽、草地和湖泊组成，是中国第一个天鹅自然保护区。

▲辽宁辽河三角洲湿地：位于辽宁省盘锦市，是中国面积最大的芦苇滨海湿地。

▲四川若尔盖湿地：青藏高原东北部的高寒沼泽湿地，是黑颈鹤的集中繁殖区之一。

▲青海湖鸟岛：青海湖西北隅的湖泊湿地，因众多候鸟在此繁衍生息而得名，由海西山和海西皮两个小岛组成。

知道不知道 湿地也能人造

湿地这么厉害，真想自己建一个。这个还真可以！在化粪池、养殖场、造纸厂、油田、煤矿等排放污水的地方，人们制造出小型湿地，用环保的方式让污水也有了用武之地。

吸收污水中的营养物质，产生氧气

微生物能降解水中的有机污染物

吸收污水中的有毒有害物质，同时也为微生物提供生存的场所

知道不知道 — 湿地霸主争夺战

湿地生存法则第一条：别称霸！这里的动植物、微生物和环境是一个互相依存的整体，维持着微妙的平衡。但凡有谁想称霸，所有物种都会跟着遭殃，还是老老实实和平共处吧。

机会来啦，我要当霸王啦！

生活污水和畜禽的粪便含有大量营养物质，进入湿地。蓝藻疯狂吸收这些营养物质，开始大量繁殖。

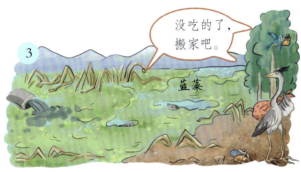

没吃的了，搬家吧。

我终于称霸了！

大量蓝藻需要吸收水中大量氧气，鱼类因缺氧而死亡。遮天蔽日的蓝藻影响水草进行光合作用，水草也死了。

没有朋友，我称霸称了个寂寞……

◀湿地生态系统由生物要素和非生物要素组成。生物要素主要有生产者（植物）、消费者（动物）和分解者（微生物），非生物要素为水、排水不良的土壤和气候。

科普一下可好 — 我是世界遗产

盐城黄海湿地常住嘉宾：麋鹿、丹顶鹤、中华鲟。

飞行嘉宾：全球仅存数百只的勺嘴鹬（yù），全球野生迁徙种群仅存1000余只的丹顶鹤，全球仅存3000余只的白鹤，以及全球几乎所有的小青脚鹬、大滨鹬和大杓（sháo）鹬（其中的几种）。

盐城黄海湿地有多牛：
- 全球最大的丹顶鹤越冬地
- 全球最大的麋鹿基因库
- 亚洲大陆边缘最大的海岸型滩涂湿地
- 珍稀、极濒危动物的家园
- 鸟类迁徙的重要"驿站"

奇怪的地貌

地貌，是地表的各种形态。为了不让地球过于平凡，**风和水**毫不犹豫地承担起了**雕刻地貌**的重任，年复一年，**慢慢侵蚀**，这才留下了这些让人佩服得五体投地的地貌。

问题来了 丹霞是谁？

拥有红色的岩层和陡峭的崖壁，这就是丹霞地貌。没错，丹霞不是谁的名字，而是一种地貌。本来就很美的红色岩层被流水和风力等侵蚀，形成"赤壁丹崖"的独特景观。

▲ 2010年，经第34届世界遗产大会表决，联合国教科文组织世界遗产委员会批准，"中国丹霞"被正式列入《世界遗产名录》。

▼ 根据侵蚀程度，丹霞地貌可分成青年期、壮年期和老年期。

青年期

我没怎么被侵蚀，所以还处于青年期。

贵州赤水丹霞。青年期丹霞地貌受的侵蚀不重，只在崖壁上留下侵蚀的深沟。

其实我青年期、壮年期、晚年期的地貌都有，以壮年期最典型。

壮年期

湖南崀（làng）山丹霞。侵蚀进一步加深，把山岩削成残峰或石柱，就是壮年期丹霞地貌。

知道不知道 滴水真的能穿石

不要小瞧水滴的力量，它不仅能把石头滴穿，还能塑造喀斯特地貌。中国的喀斯特地貌分布广、质量高，地面上的峰林和地下的溶洞，样样拿得出手。

▼喀斯特地貌

云南石林

桂林喀斯特

贵州荔波

重庆金佛山

▲ 中国南方喀斯特（云南石林、贵州荔波、重庆武隆）和中国南方喀斯特第二期（广西桂林、贵州施秉、重庆金佛山和广西环江）分别在2007年和2014年被列入《世界遗产名录》。

丹霞地貌就是以我的名字命名的！

广东丹霞山也处于壮年期。

老年期

老了，棱角都被磨没了。

江西龙虎山。更加深入的侵蚀使得残峰的棱角渐渐消失，直至变成缓坡丘陵，这便是老年期丹霞地貌。

知道不知道 高寒之地有冰川

想看冰川吗，不用去南极和北极的那种？中国就有很多高山冰川，而且数量多、规模大，那架势，绝对全球领先！这些冰川融水流下来后，就成了各条大江大河的源头。

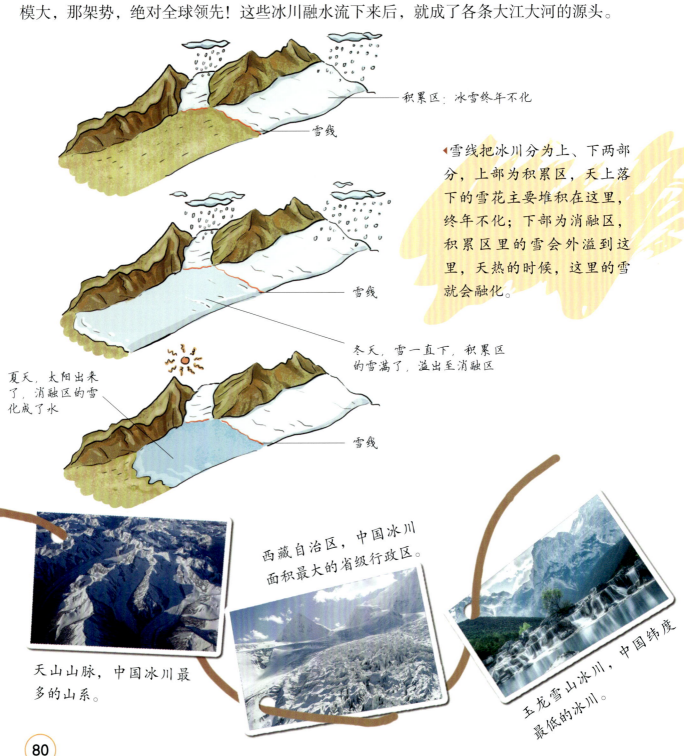

积累区：冰雪终年不化

雪线

◀ 雪线把冰川分为上、下两部分，上部为积累区，天上落下的雪花主要堆积在这里，终年不化；下部为消融区，积累区里的雪会外溢到这里，天热的时候，这里的雪就会融化。

雪线

冬天，雪一直下，积累区的雪满了，溢出至消融区

夏天，太阳出来了，消融区的雪化成了水

雪线

天山山脉，中国冰川最多的山系。

西藏自治区，中国冰川面积最大的省级行政区。

玉龙雪山冰川，中国纬度最低的冰川。

知道不知道 风"啃"出来的地貌

雅丹地貌的分布并不广泛，几乎只出现在干旱有狂风的地方。大风吹过岩石土堆，就会发生风蚀作用，"啃"出各种造型。风越大，"啃"得越狠，甚至能把岩石"啃"成蘑菇的形状。

个人简历

姓名	雅丹
曾用名	龙城
	空气动力学地形
	剥蚀丘
	沙漠城
	土阜

▲ "雅丹"这个名字是从维吾尔语音译而来。

▲ 中国拥有约2万平方千米的雅丹地貌，主要分布在柴达木盆地西北部、准噶尔盆地西部、塔里木盆地东缘的罗布泊北部等干旱地区。柴达木盆地拥有世界上最长的雅丹地貌群。

科普一下可好 水上雅丹

雅丹是干旱地区的风蚀地貌，怎么跟水发生关系了呢？这其实是场意外。由于昆仑山上的一条河流改道，把柴达木盆地边缘的一处雅丹地貌淹没，形成了独一无二的水上雅丹。

▼ 乌素特雅丹地质公园，又名水上雅丹，位于青海柴达木盆地的西北部，是已发现世界上最早的水上雅丹。

快到坑里来

大自然用什么挖坑？铲子？挖掘机？都不对，**大自然挖坑用的是——水！** 喀斯特地貌中，有一种叫 **天坑** 的地貌。地下河水不停地溶蚀地下，让地表没了支撑，塌了，就成了天坑。

知道不知道 不是生来就有的

要形成天坑，首先要满足两个条件：地上是"脆皮"，地下有暗河。剩下的就交给时间。经过数十万年甚至更久的溶蚀后，地下变空，地表塌陷，就成了巨大的天坑。

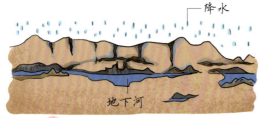
① 地下河水慢慢溶蚀地下。

② 地下河水溶蚀的面积越来越大。

③ 地面塌陷，出现天坑。

知道不知道 最大的天坑

虽然名字里有个"小"字，小寨天坑却是世界第一大天坑，坑口也就不到20个田径场那么大吧。天坑底部除了地下河，还能看到野花和森林，仿若异世界。

▲ 小寨天坑位于重庆市奉节县，坑口直径为626米，深度为666.2米，是世界上最大的天坑。

问题来了　天坑有多大？

不是所有天然形成的坑都能叫天坑。天坑很大，四周绝大部分都是陡崖，宽度（坑口直径）和深度至少有100米，比30层的大楼还高，而且大部分天坑的宽度和深度几乎相等。

知道不知道　坑里居然有原始森林

天坑里有森林很常见，但有原始森林还是很罕见的。文雅天坑群不仅有，面积还很大。附近的山岭既拦住了暖湿气流，又拦住了人群，成了原始森林的"保护神"。

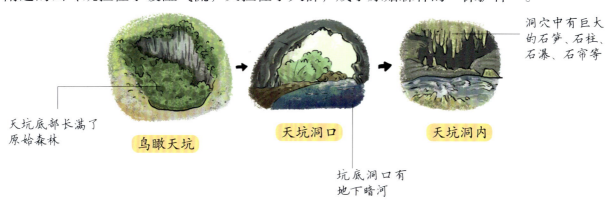

▲ 文雅天坑群位于广西环江毛南族自治县洛阳镇文雅村，由4个大型天坑组成，每个天坑之间通过地下长廊和暗河相连。

看，大山被切开了

别误会，劈山这种事不是人干的，是**地壳和水**联手做的。地壳运动能生生把**大山掰开**，不断流淌的水居然也会把好好的**大山切开**。大山被切开，中间就多了**又深又长的峡谷**。

知道不知道 真·激流勇进

雅鲁藏布大峡谷从不跟别的峡谷比深度，因为世界上没有峡谷比它更深。峡谷里的河流经常在很短的距离内突然下落数千米，游乐园里刺激无比的"激流勇进"在它面前根本不值一提。

▶ 来自印度洋的水汽通过雅鲁藏布大峡谷进入青藏高原，使得青藏高原东南部不像其他地方一样寒冷干燥，而是成为温润的"西藏小江南"。

科普一下可好 长江上游峡谷多

长江上游流经青藏高原的边缘地带，地势落差大，容易产生深谷。尤其是长江上游还流经横断山区，南北走向的山脉并排排列，形成许多峡谷。

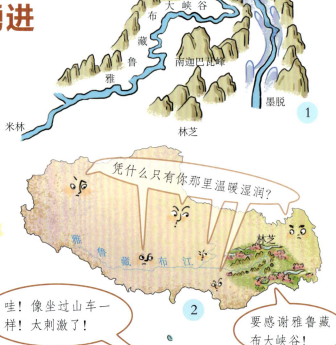

知道不知道 叫"怒"但脾气并不大

怒江虽然名字里有个"怒"字，但跟脾气暴躁没啥关系，它是因为怒族居住在附近而得名。因为江水的颜色深得发黑，怒江还曾叫黑水河呢。

问题来了

虎跳峡，你是在黄河上吗？

这黄黄的水，汹涌的浪，还真容易让人误以为是在黄河边。但虎跳峡其实位于金沙江上，百分百属于长江。虎跳峡落差大，水流急，就算真有老虎从这里起跳，也得鼓足勇气吧。

▲虎跳峡位于玉龙雪山和哈巴雪山之间的最窄处，峡谷垂直高差高达3000多米，是世界上最深的峡谷之一。宽阔的金沙江从狭窄的峡谷中呼啸而过，变得水流湍急、涛声震天。

知道不知道 古代文人网红打卡地

世间峡谷千千万，古代文人却独宠三峡！三峡的颜值毋庸置疑，但它之所以被文人墨客念念不忘，是因为见证了许多历史事件和传奇，而它本身也是中华文明的发源地之一。

▼三峡位于长江中段，西起重庆奉节县白帝城，东至湖北宜昌市南津关，全长193千米，由瞿塘峡、巫峡、西陵峡组成。

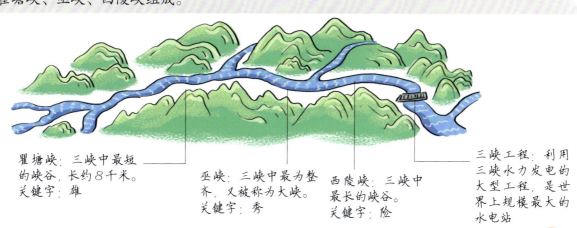

瞿塘峡：三峡中最短的峡谷，长约8千米。
关键字：雄

巫峡：三峡中最为整齐，又被称为大峡。
关键字：秀

西陵峡：三峡中最长的峡谷。
关键字：险

三峡工程：利用三峡水力发电的大型工程，是世界上规模最大的水电站。

地形地貌之最

中华大地地大物博，当然少不了各种神奇的地形地貌。这次就让我们来盘点一下中国境内的地形地貌之最。看看有哪些在你的意料之中，哪些又令你觉得"涨知识"了吧。

青藏高原，平均海拔超过4000米，最高处8848.86米。

我还在不断长高呢。

最高最厚最年轻的高原

高原中有位后起之秀，只用了两三千万年，平均海拔就超过4000米！南美洲的巴西高原上亿岁了，海拔还没它一半高。它就是——世界第三极，我们的青藏高原！

年轻人，个子真高。

巴西高原　　青藏高原

▲青藏高原还是世界上地壳最厚的地方，最厚处可达70千米。

别看我干成这样，谁还没有水资源咋的。

最大沙漠也是死亡之海

传说有个地方，人一旦进去就出不来，那就是中国最大的沙漠——塔克拉玛干沙漠，这里极度干旱。因为是个流动沙漠，狂风一吹，沙丘会跟着移动，让人找不着方向，所以被称为死亡之海。

▲塔克拉玛干沙漠虽然一直很干旱，但有时也会发生意外。2021年夏天，天山山脉在贡献冰雪融水的同时意外下起了大暴雨，使得塔克拉玛干沙漠极为罕见地发了洪水。

▲ 俗话说"高处不胜寒",珠穆朗玛峰属于高寒气候,终年寒冷。而艾丁湖由于盆地地形不容易散热、气候干旱且没有云彩阻挡太阳光等原因,是全国最炎热的地区之一。

最萌身高差

中国陆地上的最高点是珠穆朗玛峰,那最低点在哪里呢?在吐鲁番盆地里的艾丁湖,湖面的海拔只有-154.31米。珠穆朗玛峰和艾丁湖站在一起,身高差超过9000米。

大!大!大!大冰川

西藏的普若岗日冰川是除了南极、北极以外世界上最大的冰川。此外,科学家还发现,普若岗日冰川里藏有地质运动信息密码——没错,这里就是青藏高原最早隆起的地方。

▼ 普若岗日冰川位于西藏自治区那曲市双湖县无人区内,这里气候恶劣、人迹罕至。它的外围分布着湖泊和沙漠,这样的组合在世界范围内都很罕见。而冰川融水流经的地方,还形成了许多形态各异的冰塔。

第三章
江河湖海与岛屿

黄河之水天上来？

"君不见，黄河之水天上来，奔流到海不复回"。李白不愧是大诗人，第一句就写出了黄河的气势。不过，这黄河之水真的是从天上来的吗？

知道不知道　黄河之水高原来

黄河的源头不在天上，而是在青藏高原，在巴颜喀拉山北麓的约古宗列盆地。巴颜喀拉山上覆盖着厚厚的冰雪，在阳光的照耀下，融化的雪水汇成小溪，它们就是黄河的源头。

▲ 约古宗列盆地海拔4500米左右。约古宗列，藏语，意为"炒青稞的锅"，可以说，这个名字取得非常形象。

▼ 扎陵湖与鄂陵湖并称为"黄河源头的姊妹湖"。图为鄂陵湖。

> 知道不知道

"出生地"仅碗口大

黄河最初只是由几个泉眼冒出的水汇成的小溪，后来变得那么大气磅礴，也并不全凭一己之力——入海流的路上，本就有一些零散的湖泊，随着地壳运动，最终得以连通。

▲ 黄河源头

> 知道不知道

凭一己之力将长江、黄河分开

巴颜喀拉山脉是青海省境内长江、黄河的分水岭。它的海拔超过5000米，但高海拔也能把雨水留住，滋养出一片苍翠的高原草场。

▲ 巴颜喀拉山脉呈西北－东南走向。这里气候虽然寒冷，但平缓的北坡上，长满了绿色的青草，不怕冷的"草原之舟"牦牛最爱在这里饱餐。不知道黄河源头的水是不是更甘甜。

我们要在一起！

1

别任性，你是中华民族的"母亲河"，要往北方走，将来会变成中国第二长河。

2

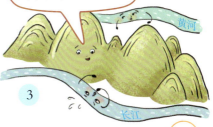

你也别任性。你往南方走，将来会变成中国第一大河呢。

3

黄河的河

从青藏高原到渤海，流淌着**中国**第**二长河——黄河**。千万年来，黄河灌溉过原始人播下的文明种子，见证了朝代更迭，也将继续守护这片华夏大地。

知道不知道 一条大河波浪宽

在古代，黄河就叫河，因为泥沙多，看着浑浊，所以才叫黄河。千万年来，中华儿女沿着黄河定居、生活，发展壮大。虽然有时候黄河也会"闹脾气"，但谁也不能否认，黄河就是中华大地的"母亲河"。

刘家峡：黄河上游的"高原明珠"，位于甘肃省临夏州境内。黄河在这转了一个90°急弯，穿过峡谷向西流去。因为有浑浊的洮（táo）河注入，所以，这里的黄河一半清澈、一半浑浊

九曲黄河第一弯：黄河的第一个大拐弯，位于四川省阿坝藏族羌族自治州的若尔盖县

河套平原：黄河水携带的泥沙等冲积物形成的冲积平原。俗话说"黄河百害，唯富一套"，说的就是这里

问题来了

黄河为什么那么黄？

因为河水里有泥沙。黄河先是从扎陵湖乡带走黄泥沙土，又在黄土高原上"搜刮"泥沙，等到了下游后，就成了"一碗水，半碗沙"的黄河了。

河口镇：黄河上、中游分界处，位于内蒙古呼和浩特托克托县。因为时代变迁，真正的镇已经消失，只留下象征曾经繁华的遗迹

晋陕大峡谷：黄河来到中游后，一改温润模样，变得很"凶"。河水如同斧子一样，劈开大山，形成了中间黄河水奔涌、两岸千仞壁立的景象

东营：黄河从山东东营注入渤海，结束陆地之旅

壶口瀑布：黄河流到这里，300多米宽的河道突然缩成几十米，水量巨大的黄河从20多米高的陡崖上下泻，喷出了这个世界上最大的黄色瀑布

桃花峪：黄河中游与下游的分界处，也是中国地势三大阶梯中第二、三级的交界点，一边是陡峭的山地，一边是广袤的平原

知道不知道

百害黄河

黄河有时也会带来灾祸。在黄河中下游，泥沙淤积使得河床抬高，一不小心就会决堤。古人总结说，黄河"三年两决口，百年一改道"，次次给人们带来灾害……

长江的江

长江比黄河还要长，是中国第一长河。从青藏高原到崇明岛东，长江流过 **西藏**、**云南**、**江苏**、**上海** 等8省2市1自治区，一共11个省级行政区。长江和黄河一南一北，共同滋养华夏大地。

长江源：青藏高原唐古拉山和昆仑山之间，有长江的三个源头——南源当曲、北源楚玛尔河和正源沱沱河。涓涓细流融会在一起，成为长江最初的模样

金沙江：长江的上游，因为水中有黄色沙土，所以得名金沙江。金沙江水流湍急，有3300米的落差

岷江：长江的支流，在四川省境内。古时候，人们以为岷江就是长江的源头，直到明代，才被旅行家徐霞客纠正过来

长江三峡：长江重庆奉节县白帝城至湖北宜昌市南津关段的别称，有瞿塘峡、巫峡和西陵峡三段峡谷。为了让滔滔江水为人类服务，人们修建了举世瞩目的三峡大坝

扬子江：长江南京至入海口段的旧称。因为来到中国的外国人先听说了"扬子江"这个名字，以为整条长江都叫扬子江，所以长江的英文名就成了 Yangtze River（扬子江）

荆江：长江湖北省宜都市枝城镇至湖南省岳阳市城陵矶段的别称。因为长江中的泥沙堆积于此，而且河道九曲回肠，导致荆江频繁发生洪灾，故有"万里长江，险在荆江"之说

知道不知道

啊！长江

古人把黄河叫作河，那么长江便单名一个"江"字。因为长，所以叫长江。长江的名气不比黄河小，论悠久，长江养育出灿烂的楚文化；论实力，长江是世界水能第一大河。总之，就是强。

洞庭湖：长江流域最重要的湖泊之一。这里不仅有如云似梦的美景，还能在江水泛滥时存住洪水，帮长江化险为夷，被誉为"长江之肾"

科普一下可好

长江名字多

长江实在太长了，古人一眼看不到江的尽头，就给每一段江都起了名字。在青藏高原上叫通天河，上游部分叫金沙江，以下还叫过川江、荆江、皖江，临近出海口时，又叫扬子江。

口若悬河的悬河

有的人口才好，说起话来**口若悬河**。话说，这个**悬河**到底是什么河？悬在人头顶的河？都说**水往低处走**，悬河是怎么做到**比旁边的陆地还要高呢？**

知道不知道　抬头望悬河

悬河又称地上河，从远处看，河面居然比旁边的陆地还要高。原来，河里的泥沙堆积在河底，越堆越多，把河床抬高了，就成了比陆地还高的悬河。

▲ 上亿吨泥沙堆积在黄河下游，流经这里的黄河比旁边的陆地高出好几米，形成悬河。

▲ 开封段黄河

问题来了 悬河这么可怕，为什么要住在悬河边？

悬河虽看着"悬"，但也能带来好处。河水渗入地下，带来丰富的地下水，为人们生活、耕种提供诸多益处。只要河水不决堤、不泛滥，附近的人们便衣食无忧。

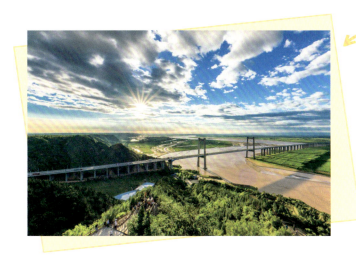

◂ 从桃花峪到入海口这段的黄河就是悬河。黄河水位高，因此能源源不断地补给地下水。

科普一下可好 形成悬河的必备要素

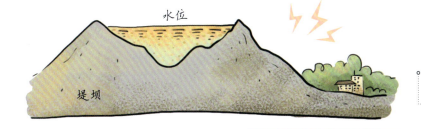

◂ 悬河切面示意图

泥沙多： 只有携带泥沙足够多的河，才有可能形成悬河。很多悬河都出现在下游，因为上、中游忙着攒泥沙，直到下游才有机会形成悬河。

河谷开阔： 河谷开阔的地方，水流速度会减缓，泥沙才能沉积。

人为因素： 有时候人的干预也会形成悬河。比如人们在河上修筑大坝，既拦住了河水，也拦住了河里的泥沙。泥沙就地沉积，久而久之，就成了悬河。

我们是湖，但各有不同

陆地把水域包围，成了**大大小小**的**湖**。有的湖**大**，像海那样一望无际；有的湖**美**，让无数诗人为之折腰；还有的湖**波光粼粼**，让我来尝一口湖中水……呸呸，好咸啊，居然是个咸水湖！

问题来了 它、它、它……都是湖？

问：渊、潭、错、塘、池、洼、淀、泊、泡、泽、滩、荡、淖（nào）、库勒，有什么共同点？

答：它们都是湖。湖的这么多昵称，是人们根据大小、深浅和语言习惯来取的。

❶ 安徽省宣城泾县桃花潭。李白诗中写道："桃花潭水深千尺，不及汪伦送我情。"
❷ 淀是较浅的湖泊。河北保定市和沧州市之间，大大小小100多个湖共同构成白洋淀。
❸ 滇池位于云南省昆明市，是云南省最大的淡水湖。
❹ 错？这个字跟湖有什么关系？原来在藏语里，湖的发音就是"错"。青藏高原上的许多湖都叫"错"，比如纳木错、色林错。

知道不知道 — 湖族大聚会

有的湖跟河流相连，并流入大海，叫外流湖；有的湖谁也不挨着，或者只跟河流相连，被称作内流湖。有的湖湖水又苦又咸，是咸水湖；有的湖湖水含盐量很低，是淡水湖。

▲ 外流湖因为有源源不断的水流补给和流出，通常是淡水湖。内流湖因为河流流入的水有限，再加上湖水的蒸发量大，所以，通常是咸水湖。

知道不知道 — 高原的盐，湖里来

安静的茶卡盐湖是一个高原盐湖，就像一面镜子，有"天空之镜"的美称。如果揭开湖底十几厘米厚的盐盖，你就可以从下面捞取天然的结晶盐。

▼ 茶卡盐湖位于柴达木盆地中，是一个高原内陆湖。这里属于高原大陆性气候，干旱少雨，每年注入湖中的水量非常少，因此湖里含盐量极高。

问题来了 这湖破了？

长白山是火山，不过因为在休眠，所以山上没有火，反而有美丽的火山口湖——长白山天池。因为长白山曾经反复喷发，所以，长白山天池还是个破火山口湖。

我这么美，居然说我是破湖！

▸ 火山喷发后，山顶出现漏斗，积水形成了火山口湖。如果火山多次喷发，山体内部坍（tān）塌形成的火山口湖就是破火山口湖。

▸ 长白山天池水面面积9.82平方千米，湖水最深373米。天池水面海拔2189.1米，是世界上海拔最高的火山口湖。天池还是松花江的正源头、中朝两国的界湖。

知道不知道

沙漠中的粉湖

什么？湖水居然还有粉色的！在内蒙古巴丹吉林沙漠深处，就有一个粉红色的达格图湖！《十万个为什么》中只讲过"湖水为什么是蓝色的"，可没说过湖水还有粉红色啊。

知道不知道 五大连池湖连湖

很久以前，白龙河在大地上静静流淌，直到300多年前，旁边两座火山喷发，流出的熔岩硬生生把它拦成了五段堰塞湖。还好，这五个湖分段不分家，串在一起就是著名的五大连池。

▲ 1719—1721年，老黑山和火烧山两座火山喷发，熔岩堵塞河道，形成堰塞湖，就有了一池莲花湖、二池燕山湖、三池白龙湖、四池鹤鸣湖和五池如意湖。

◀ 达格图湖是一个盐湖。至于湖水为什么这样红，现在依然众说纷纭。有人说，湖里有大量的嗜盐微生物，它们体内含有红色素，所以湖水看上去很红；也有人说，可能是水中的无机盐发生化学反应导致的。但不管怎么说，要想湖水呈现粉红色，必须是盐湖才行。

叫"海"不是海

明明是湖,为什么要"冒充"海呢?上一节提到,因为各地方言不同,"湖"有很多昵称,而蒙古语"湖"的意思是"海子",所以,这里的"海"也是"湖"的一个昵称罢了。

此"海"非彼"海"。

知道不知道 风花雪月看洱海

洱海是云南大理的一个淡水湖。洱海不光自己美,"邻居"也都美不胜收,这才有了代表大理的风花雪月——下关风、上关花、苍山雪、洱海月。

▲ 洱海位于云南西部,是冰河时代末期断层陷落后湖盆积水而形成的湖泊,雏形形成于约350万年前。

海面倒映着美丽的白塔……

你睁大眼睛好好看看,这是湖!

▲ 北京的北海是中国现存历史上建园最早、保存最完整的古典皇家园林,白塔是其标志性建筑。

知道不知道 让我们荡起双桨

最开始时,北海只是个小湖,可自从金代时被皇室看中,便越修越大,越修越美,成了金、元、明、清等朝代的皇家宫苑。《让我们荡起双桨》的曲子就是在这里写成的。

问题来了 邛海，在云南还是在贵州？

作为一个云贵高原上的淡水湖，邛海既不在云南，也不在贵州，而是在四川。邛海的形状像个蜗牛，这里不仅能赏美景，还能体会凉山彝族的民族风情。

▶邛海位于四川省凉山彝族自治州西昌市，这里不仅碧波荡漾，还有全国最大的城市湿地。

知道不知道 发现一处天然豪华"海景房"

广西三门海是一处天然豪华"海景房"，山上开出了一个个"天窗"，划着小船就能从一个洞去另一个洞"串门"。这里的"海"，是喀斯特湖；这里的天窗，也是喀斯特地貌的一种表现。

◀三门海的天窗并非人工开凿，而是喀斯特地貌中，地下水和地表水对可溶性岩石不断溶蚀塑造出的独特洞口。

罗布没有泊

若用一个词来形容罗布泊的气候，那就是"异常"。这里终年干旱，夏天极热、冬天极冷，几乎没有多少生物能生存。目之所及，沙石遍地，寸草不生，是当之无愧的"死亡之海"。

震惊！地球上的耳朵

罗布泊是"塔里木盆地大家庭"的明星成员，曾是中国第二大咸水湖。如今罗布泊干涸的湖盆就像一个耳朵形状的大坑，被人们称为"地球之耳"。

谁说我什么都没有？我有雅丹地貌、沙漠、峡谷、丰富的钾盐，还是我国成功试爆第一颗原子弹的地方。

◀ 罗布泊裸露的湖盆上，覆盖着厚厚的盐层，这是它曾经是咸水湖的证据。

▼《汉书》中曾记载罗布泊当年的盛况："（罗布泊）广袤三百里，其水亭居，冬夏不增减。"

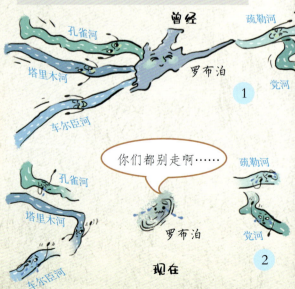

回忆！遍地湖泽回不去

别看现在是荒漠，以前这里可是沙漠中难得的"水乡"。罗布泊是塔里木盆地的最低点，水量充沛的时候，附近的河流都流向这里，形成了由数十个大小湖泊组成的湖泊群。

任性！爱改道的塔里木河

其他河断流之后，塔里木河一度成为罗布泊的"救星"。不过塔里木河太任性，总爱改道。后来，塔里木河彻底"抛弃"了罗布泊。没了补给，罗布泊渐渐蒸发，成为如今的"死亡之海"。

▼ 塔里木河是中国第一大内流河，与其他河流不同的是，它全部流经沙漠地带。因为位于沙漠中，塔里木河的河床主要由粉砂、沙壤土组成，很容易被冲刷。因此每到汛期，塔里木河就容易改道。

探秘！楼兰古国消失之谜

楼兰古国，丝绸之路上的咽喉要道，在辉煌了几百年后突然消失了。后人们对它的突然消失作出了种种推测，缺水、战争、瘟疫……但是真相究竟如何，至今没人知道。

猜测一：
缺水。罗布泊干涸后，楼兰人没有足够的水源，纷纷移居他处，楼兰古国因此灭绝。

猜测二：
战争。楼兰处于兵家必争之地，经常遭遇战争，最终走向灭亡。

猜测三：
瘟疫。一场恐怖的瘟疫夺走了大部分楼兰人的生命，幸存者也不愿待在伤心地，纷纷远走。

猜测四：
成也丝绸之路，败也丝绸之路。楼兰是古丝绸之路上的要道，绝佳的地理位置让楼兰得以兴盛。但后来，丝绸之路改道，途经楼兰的这条旧道慢慢被废弃，楼兰也随之走向没落。

湖南湖北的湖

中国大大小小的湖中，有一个湖够厉害。它是**地球上最古老的淡水湖**，它担负着**调节长江水量**的重任，它孕育了**灿烂的楚文化**，有两个省都以它的名字命名。它就是——洞庭湖。

知道不知道　存在感超强的洞庭湖

洞庭湖因为湖中有座洞庭山（后来改名叫君山）而得名。早在史前时期，人们就在洞庭湖旁居住，"江南"最早指的就是洞庭湖地区。

▶洞庭湖的形成可追溯至1.5亿年前。刚形成时，洞庭湖为盐湖。距今3800万年前，青藏高原隆起，气候发生变化，夏季风从海洋吹来水分，慢慢地，洞庭湖变为淡水湖。

科普一下可好　洞庭湖，缩水了

洞庭湖古时候号称"八百里"，可面积一直在缩小，现在，就连中国淡水湖"老大"的位子，都被鄱阳湖"抢"走了。曾经烟波浩渺的湖面，如今被分成了东洞庭湖和南洞庭湖。

东晋时期的洞庭湖

清末时的洞庭湖

现代的洞庭湖

▲洞庭湖旁的长江是悬河，泥沙会随着洪水进入洞庭湖。除了泥沙沉积的原因外，还因为洞庭湖畔土壤肥沃，人们不断围湖造田，渐渐把湖给"围"小了。

知道不知道 长江的"救星"

汛期时，长江水涨得很高。幸好，长江的水可以流到洞庭湖里，这样，长江就不至于发洪水。枯水期时，洞庭湖就会把自己的水分给长江，让长江下游不至于干涸。

◀ 汛期来临，长江洪峰水位高于洞庭湖水位，洪水涌入洞庭湖，缓解了长江的压力。枯水期时，长江水位低于洞庭湖水位，洞庭湖水注入长江，保证长江下游的水位。正因如此，洞庭湖水水量变化大，人称"洪水一大片，枯水几条线"。

问题来了

洞庭湖究竟在哪个省？

湖南和湖北本是一家，到了清朝才被分开。两个省均以洞庭湖为名，北边的省叫湖北，南边的省叫湖南。但从地图上来看，洞庭湖绝大部分面积在湖南，因此，洞庭湖的"老家"便是湖南省。

▲ 湖南有个别称，叫"三湘四水"。"三湘"因湘江分别与漓水、潇水和蒸水相汇而得名，分别称"漓湘""潇湘"和"蒸湘"；四水则指湘江、资水、沅（yuán）江和澧（lǐ）水。

水不在深，就是有名

刘禹锡在《陋室铭》中说："**水不在深，有龙则灵。**"在这里，水深不深、有没有龙都不重要，重要的是，这些绝对都是"江湖界"的"顶级高手"！

知道不知道　"选美冠军"青海湖

青海湖位于青海省，也是"青海"这个省份名字的由来。在一次某杂志举办的中国湖泊选美大赛中，青海湖毫无悬念夺得桂冠。它不仅凭借自己的美丽征服众人，更是青藏高原生灵的家。

1. 走，生孩子去。（湟鱼／青海湖）
2. 还是清水好。（湟鱼卵／小溪）
3. 咳咳，好咸！ 习惯就好了。（新生湟鱼／青海湖）
4. 谢谢你，小哥哥。 我可是你们爷爷辈儿的。咱们长得慢，一年才能长一两肉。

▲ 湟鱼是青海湖特有的珍稀物种，几乎没有鳞片。湟鱼在咸水湖里生长，却要在淡水里才能产卵。每年繁殖季，湟鱼便成群结队洄游，到上游产卵。鱼卵孵化后，新生的湟鱼又回到青海湖生活。湟鱼生长速度极其缓慢，10年才能长 0.5 千克。

▼ 青海湖是中国最大的内陆湖，湖水的补给主要来自附近的内流河、湖底泉水和降水。青海湖形成初期是淡水湖，后来气候变化，日照强烈、雨量偏少，湖水的蒸发量很大，渐渐变成了咸水湖。

> 科普一下可好

湖的一生

湖泊，尤其是高原、荒漠中的湖泊，往往会经历跌宕起伏的一生。

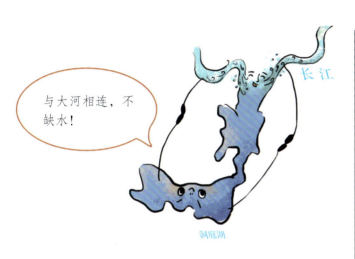

① 在湖泊形成之初，地壳运动使得江、河与湖盆相连，一边有河水源源不断注入湖中，另一边又流到别的河里，最终注入大海。这就是外流湖。

② 因为地质变化或者河流改道，与湖泊相连的河水无法注入大海，变成内流湖。

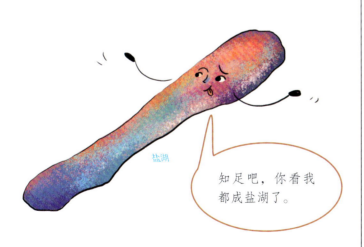

③ 因为蒸发量大于补给量，湖水蒸发，盐分无法排出，湖泊变成咸水湖。再过很长一段时间，大部分湖水都被蒸发掉，咸水湖成了盐湖。

④ 最后，湖水彻底干涸，只留下空空的湖床。

知道不知道 高深的纳木错

纳木错是世界上海拔最高的大型湖泊，最深处超过 120 米。瞧瞧，纳木错不仅颜值高、名气大，还很"高深"。"纳木错"是藏语的音译，它还有个蒙古语名字，叫腾格里海。

▶ 纳木错海拔 4720 米，位于西藏拉萨市以北，曾是西藏第一大内陆湖，是中国第二大咸水湖（近年来被色林错超过）。

问题来了

高原湖泊为什么都是高颜值？

因为高原的空气和水都干净啊。高原湖泊的水源主要来自冰山融雪，水里不含泥沙，杂质少，十分清澈，再加上空气给力，能让湖水最大限度地反射天空的颜色。

问题来了 谁是中国第三长河？

都知道长江和黄河是中国最长的两条河，那第三长的河流是谁呢？答案你可能想不到——黑龙江！而且，这个长度还只算了中国境内的部分，如果再把国外的部分加起来，就更长了。

▶ 黑龙江是中俄的界江，全长 4370 千米，在中国境内长度为 3420 千米。黑龙江省以此江命名。

知道不知道 — 西湖，诗人的打卡圣地

古诗词里哪个湖的"人气"最高？答案绝对是西湖！幸好诗人们不在一个朝代，要是他们同时来到西湖边，光斗诗就能斗上个三天三夜。

> 诗人们集合了，我们先游览断桥，大家有两个小时的作诗时间。

> 山外青山楼外楼，西湖歌舞几时休……你俩真无聊。

> 最爱湖东行不足，绿杨阴里白沙堤……还不是我给你打的基础？（苏轼）

> 毕竟西湖六月中，风光不与四时同……别吵了，专心作诗。（杨万里）

（白居易）（林升）

> 欲把西湖比西子，淡妆浓抹总相宜……那苏堤是我垒的，好看吧？

▸ 西湖最早是海湾，后来，钱塘江挟带的泥沙阻断了西湖与大海的联通之路，西湖成了潟（xì）湖。泥沙不断淤积，使西湖几乎变成了沼泽。直到唐朝，人们才开始治理西湖。在治理西湖的历代官员中，名气最大的就是唐朝的白居易和北宋的苏轼。

知道不知道

奔腾吧，钱塘江

钱塘江原名叫浙江，没错，就是浙江省的省名。钱塘江最炫的技能就是"百变潮水秀"，交叉潮、一线潮、回头潮、冲天潮轮番上演。每年中秋节前后，钱塘江还会上演"年度大秀"。

海宁市丁桥镇可观赏交叉潮
海宁老盐仓，可以看到壮观的回头潮
海宁盐官一线潮最佳观赏地
钱塘江　杭州湾
萧山美女坝，可以看到被称为"美女二回头"的回头潮，也可以看到直冲云天的冲天潮

▲ 钱塘江大潮有"天下第一潮"之称。农历每月初一和十五前后，钱塘江都会形成大潮，但最为壮观的，是八月十八的大潮。早在汉朝，人们便有观钱塘潮的习俗。

不可分割的海

中国的四大海域分布在**陆地的东部和南部**，被"包围"的是**渤海**，海水黄黄的是**黄海**，还有宽广的**东海**和面积超级大的**南海**，它们都是中国不可分割的海。

知道不知道 渤海虽不大，能装万吨沙

别看四大海域里，渤海"个头"最小，却是人们最早认识的海，石器时代就有人在这里生活。秦始皇就是派人从渤海出发，去寻找长生不老药的（当然，最后啥也没找到）。

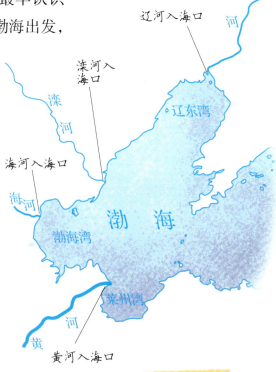

▲渤海是产生海市蜃楼最多的地方。四大海域中，渤海最冷。每年春夏两季，来自东南的暖湿气流遇到气温较低的渤海海面，能让光线发生折射，容易形成海市蜃楼。

▲渤海是中国的内海。黄河、海河、辽河、滦（luán）河等许多河流都在渤海入海，为海水带来大量营养物质，吸引海洋生物来此栖息，是天然渔场。

问题来了 — 黄海为什么那么黄？

虽然黄河注入渤海，但渤海与黄海相连，海水一流动，泥沙就跑到黄海里去了。而且别忘了，黄河可是一条"多动"的河，曾经直接注入黄海，为黄海的"染黄"事业贡献了不少力量。

好消息！好消息！黄河改道去渤海了，我终于不用那么黄了！

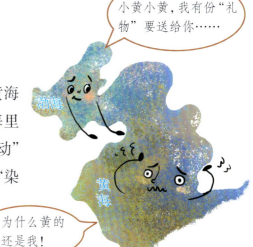

小黄小黄，我有份"礼物"要送给你……

为什么黄的还是我！

▲ 黄海与渤海相连，海水运动将黄河等河流注入渤海的泥沙带到黄海。

知道不知道 — 绿的海、青的海、黑的海

东海的颜色就丰富多了。受长江等河流带来的泥沙影响，西北部分的海水偏黄。而东南边的海水受黑潮影响，却是蓝得发黑。这两种颜色的海水在中央海域相会，又融合成青绿色。

▶ 黑潮也叫"日本暖流"，因为流经海面的水呈蓝黑色，故此得名。

▼ 南海诸岛包括东沙群岛、西沙群岛、中沙群岛和南沙群岛。别看有的岛礁很小，但它们都是中国领土的一部分，一个都不能少。

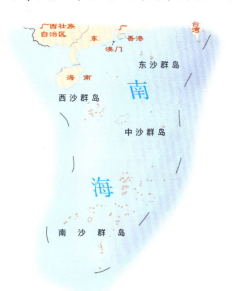

知道不知道 — 南海，就是大气

南海又大又深，装着好几百个岛屿、沙洲、礁盘、暗沙和浅滩。这么一大片宝藏地，当然是智慧的中国人先发现的。不光如此，我们还是最早命名、最早开发经营南海诸岛的国家。

在不同的地方看海

红海滩映出渤海的方向，**老铁山灯塔**的灯光指引前往黄海的方向，**霞三屿**望得见东海的日出日落，还要在**玉带礁**听南海的浪花声。这就是我们的中国海。

▲ 红海滩

第一站 红红火火红海滩

别眨眼，面前这片红海滩不是电脑特效，而是在渤海旁的辽宁盘锦。大片火红的碱蓬草已是举世罕见，更别说长在这全球保存最好、规模最大的湿地上了。

第二站 一眼看两海，就在老铁山

位于辽东半岛最南端的老铁山是黄海与渤海的分界线。爬到山上低头

渤海：半封闭的大陆架浅海，平均深度18米，最深78米

黄海：半封闭的大陆架浅海，平均深度44米，最深140米

东海：边缘海，平均深度370米，最深2719米

南海

114

第三站 请欣赏中国最美滩涂

霞浦滩涂不光面积最大，颜值也是最高的。不管什么时间、什么季节，这里每分钟可拍出绝美大片。就连海里的海带和紫菜，都美得仿佛行云流水，堪比舞动的水袖。

▶ 霞浦县是福建省宁德市辖县，曾是闽东的政治、经济、文化中心，也是中国海带之乡、紫菜之乡。霞浦的海岸线长达480多千米，霞浦滩涂更被评为中国最美滩涂。

第四站 千磨万击还坚劲，任尔东南北风

玉带滩只有容窄的一小条，涨潮时最窄的地方剩十几米，却偏强地将南海和万泉河分开，不管潮水、河水怎样冲击，它就是不会被淹没。这真是"千磨万击还坚劲，任尔东南北风"。

▲ 老铁山灯塔是山上的标志性建筑，曾经为无数远航的船只指示方向。

南海：深海盆地，平均深度1212米，最深处达5559米

别看是个岛，个子也不小

中国一共有11000多个海岛，可是，地图上怎么看不出来呀？没办法，中国岛屿数量虽多，但**小岛多、大岛少，无人岛多、有人岛少，缺水岛多、有水岛少**……

知道不知道 我们舟山小岛多

到桃花岛了！快放我下船，我要去见俏黄蓉！打住打住，武侠小说看多了吧？现实世界里没有郭靖和黄蓉，但有桃花岛。它就在舟山，跟一大群岛屿一起待在东海海面上。

▲ 舟山群岛属于大陆岛，曾经是亚欧大陆的一部分，由于地壳沉降、海面上升等原因与大陆分离，成了岛屿。舟山岛本岛面积超过500平方千米，是全国第四大岛，它周围汇聚了中国20%的岛屿。

问题来了

为什么岛屿主要分布在东南？

东北部的岛屿大多被"含沙大户"黄河、海河等运来的沙子填成陆地了，只有少部分岛屿得以幸存。而长江出海口以南的东海、南海海域含沙量少，所以岛屿比较多。

知道不知道

快看！海上有个象鼻子

海浪来了，海浪走了，海浪拍出一片别有风情的海蚀地貌和一个……大象鼻子？在福建海坛岛，有一片沙滩完美复刻了象鼻子的样子，人们给它起了个名字，就叫象鼻湾。

▲象鼻湾是沙嘴。在海岸转折的地方，水流流速放缓，携带的泥沙得以沉积，形成向海洋延伸的长条状泥沙堆积体，称为沙嘴。

知道不知道

永乐环礁种珊瑚

你以为这些人是来潜水玩乐的？不，他们是在"种"珊瑚。珊瑚礁是海底的"热带雨林"，但全球气候变暖让珊瑚大面积死亡，所以，科学家开始培育珊瑚，让这里恢复原来的生机。

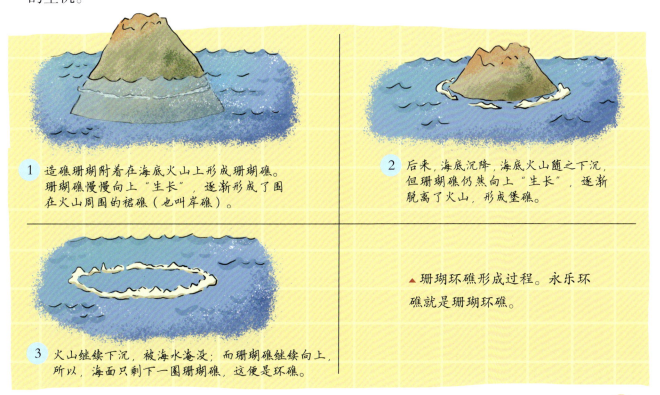

1 造礁珊瑚附着在海底火山上形成珊瑚礁。珊瑚礁慢慢向上"生长"，逐渐形成了围在火山周围的裙礁（也叫岸礁）。

2 后来，海底沉降，海底火山随之下沉，但珊瑚礁仍然向上"生长"，逐渐脱离了火山，形成堡礁。

▲珊瑚环礁形成过程。永乐环礁就是珊瑚环礁。

3 火山继续下沉，被海水淹没；而珊瑚礁继续向上，所以，海面只剩下一圈珊瑚礁，这便是环礁。

海岛连连看

这里有个岛,那里有个岛。但仔细看一看,每个岛的成因又不一样,**有大陆岛、冲积岛、火山岛和珊瑚礁岛。**请你连连看,中国的几大海岛之间,有什么相同的特点呢?

知道不知道 老大台湾岛

台湾岛是中国第一大岛。中央山脉纵贯整个岛,把台湾岛分成东、西两半,人们从南到北很方便,但要从东到西可就麻烦了,如果不想翻山越岭,那就只能绕着走了。

▶ 与舟山群岛一样,台湾岛也属于大陆岛。

知道不知道 老二海南岛

别看海南岛在中国的海岛中排老二,但它可是有许多"第一"的头衔傍身——中国最南端的省,最年轻的省,陆地面积最小、海洋面积最大的省。

▼ 红树林是海南岛的守岛卫士。红树林可以净化海水、维护生物多样性,被称为"海岸卫士""海洋绿肺"。

◀ 海南还是中国最丰富的物种基因库。图为海南特有物种——海南黑冠长臂猿。

知道不知道 老三崇明岛

火山岛上有火山，冲积岛上有什么？中国最大的冲积岛崇明岛来回答："泥沙。"长江在出海口处流速突然变缓，江里的泥沙失去动力，纷纷就地沉积，堆成了崇明岛。

① 长江在入海口处留下了少量泥沙。

② 长江源源不断地带来泥沙。泥沙沉积又多了一些。

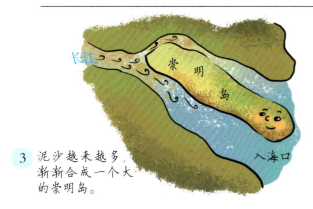

③ 泥沙越来越多，渐渐合成一个大的崇明岛。

▲ 冲积岛是大河河口地区或河流、湖泊中由泥沙堆积而成的岛屿。崇明岛是中国第三大岛屿，也是最大的冲积岛。因为是由泥沙堆积而成，崇明岛上没有起伏的高山，可以开发成为良好的农田。

问题来了 西沙群岛有多大？

西沙群岛的陆地总面积只有约10平方千米，在全国岛屿里排不上号，但它以22个岛屿、7个沙洲的数量，一举夺得"南海陆地最多的群岛"称号。

▶ 永兴岛面积约2.1平方千米，海拔最高点8.5米，是西沙群岛中最大的岛屿。

请叫我第一名

喂,喂。大家好,欢迎来到第一届"江河湖海岛颁奖典礼"的现场。今天,我们将甄选出最具特色的江河湖海岛,为大家带来最震撼的地理盛宴!

第一项:"最黄大河"奖

首先要颁出的,是"最黄大河"奖。候选者有:名字中有"黄"字的黄浦江,长得黄黄的金沙江,以及名字和长相都黄黄的黄河。

黄河宁夏中卫段

黄浦江

金沙江

▶我宣布,夺得"最黄大河"奖的是——黄河!它凭借一碗河水半碗沙,且一黄黄了大半个中国的绝对实力,碾压长江的河段金沙江和长江的支流黄浦江,一举夺魁,让我们掌声鼓励。

第二项："最苦的海"奖

江河再汹涌，还不是要汇入大海，接下来我们颁发"最苦的海"奖。本次评选的候选者正是中国的四大海域——渤海、黄海、东海和南海。

获得"最苦大海"奖的选手是——渤海！

渤海

黄海

东海

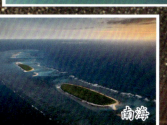
南海

晒盐场工人

▲ 渤海获奖不仅因为沿海盐场多，味道苦，而且本来不是黄河出海口，却被黄河生生改道染黄。真是味道苦、心里更苦的大海。

第三项："最难的岛"奖

中国的岛千千万，到底哪座最最难？让我们颁出今天的最后一个奖项——"最难的岛"。角逐本次奖项的有——被河冲，被海打，满是泥沙的崇明岛；海拔太低，一个浪头打过来就不见了的西沙群岛；一个"大哥"要带一堆"小弟"的舟山群岛。

海岛渔民

经过不断研究和反复实践，我们现在的淡水基本能自给自足了，也种出了蔬菜！

▲ 西沙群岛！虽然看着美，但在那里生活其实很困难。这么大的西沙群岛，只有一口淡水井，淡水只能靠雨水和从海南岛运水。驻岛军民天天吃海鲜，却吃不到蔬菜。天天生活在高温、高湿、高盐的环境中，还要抵挡台风的侵袭……太难了！

西沙群岛守岛官兵

崇明岛

舟山群岛

西沙群岛

第四章
这些地方很传奇

不同而和的南北差异

几个朋友聚在一起聊天，差点因为冬至是吃饺子还是吃汤圆吵起来。原来，他们有的是南方人，有的是北方人。**中国那么大，生活中的南北差异可真不小。**

知道不知道 吃出南北大不同

古人有云：民以食为天。买菜吃饭可是件大事！仔细一瞧，从熙熙攘攘的菜市场，到琳琅满目的餐桌上，南方人和北方人在买菜做饭上的差异真不小。

▲ 北方的冬天寒冷又漫长，不适合农作物生长。在过去，北方人会在冬季到来之前，一口气把够吃一个冬天的蔬菜都买回家。

▲ 温暖的南方不缺蔬菜，但蔬菜不易存放，所以人们就养成了吃多少买多少的习惯。

◀ 南北方饭菜的分量也不一样。北方菜量大，保证让人吃到饱；南方菜量小，但是可以多吃几样，一样很满足。吃饭嘛，开心最重要！

知道不知道 逢年过节分南北

南北方就连节日习俗也有差异。在北方，饺子是人间至味，过年吃饺子，冬至吃饺子，出远门也要吃饺子。但是在南方，有什么比象征团圆的汤圆更好吃呢？

北方年夜饭　南方年夜饭

▸ 北方的年夜饭大鱼大肉，颜色深味道重，而且必须有饺子。南方的年夜饭鲜味更足，主食多为汤圆和年糕。

问题来了 方言，听得懂？听不懂？

各地都有方言。不过在北方，方言虽然各有腔调，但互相之间基本能听懂。可是到了南方，怎么一下子啥也听不懂了呢？

他们在说什么？　我也听不懂……

▲ 在地势平坦开阔的北方，互相交流很方便，方言也比较容易听懂。

▲ 南方多山地、丘陵，交通没那么方便，各地方言"独自发展"，不容易听懂。

知道不知道 一看房屋知南北

南北方的房子也大有不同。不信你看，北方建筑墙厚窗大，不仅保暖还透光，一栋一栋布局规整；南方建筑则不同，溪畔河边，错落有致的房屋依水而建，别有风情。

▸ 北方气候干燥、冬季寒冷，所以房屋看重保暖和采光。南方气候湿润，既怕热，更怕潮，所以房屋看重通风。

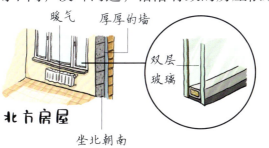

暖气　厚厚的墙　双层玻璃
北方房屋　坐北朝南

通风良好　墙体薄
南方房屋

北方有多北

北方在哪里？是**冬天会下雪**的地方？是**很干燥**的地方？是**风沙大**的地方？是**爱吃面食、饺子**的地方？到底从哪里开始才算北方呢？

问题来了　北方在哪里？

秦岭和淮河手一拉，北边是北方，南边是南方。别看北方地区看上去"奇形怪状"，却包含大片的平原和高原，特别适合人类定居和耕种，繁衍生息。

华北平原

黄土高原

东北平原

▲ 北方地区的地形以平原和高原为主，一定范围之内几乎一马平川。

问题来了　最北的城市是哪里？

最北的城市就是它——漠河。漠河的冬天超级漫长，一年中有8个月气温低于0℃，冬天最冷的时候气温低于-50℃！在漠河，人们不是在过冬，就是在进入冬天的路上。

▶ 漠河是中国最接近北极的地方，幸运的话，还能看到在极地出现的特殊自然现象——极光。

知道不知道 过冬，我们是专业的

北方的气候以温带季风气候为主，冬季寒冷，夏季炎热，四季分明。为了适应这种气候，不仅人类想了许多办法，就连植物和动物都各有妙招。

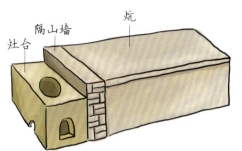

◀ 大火炕是过去北方人应对严寒的"神器"。炕里有通道，把烧火产生的热气送满整个炕，让人睡得暖和。

▶ 为了应对冬天寒冷的气候，北方的植物们也有妙招——落叶。只要我没叶子，冬天就冻不着我！

▲ 找不着吃的也不用怕，睡过去就行了。熊、松鼠之类的动物会用冬眠来度过严寒。

知道不知道 种地，我们是认真的

北方地区一直是中国的大粮仓，那么多平整的土地，如果不拿来种地，人生将失去乐趣。种地，我们是认真的。

▼ 北方地区主要种植小麦、玉米、谷子等粮食作物，以及甜菜、棉花、大豆等经济作物。

中原究竟在哪里

中原，往大了说，它可以指古代中国（与边疆地区相区别）；往小了说，它就是今天的河南省一带。"天下之中"这个昵称，从先秦时期就被河南牢牢锁定了。

知道不知道　中原在这里

中原地区可不简单，那是咱中华文化的根源之一。不仅大部分姓氏、汉字发源于此，就连"中国"这个名字最早说的也是这里。

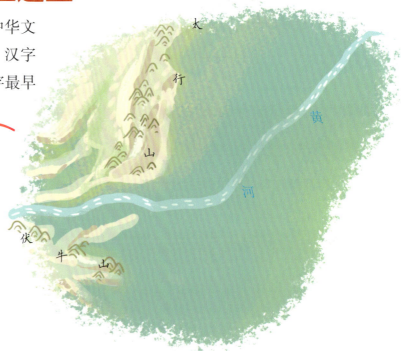

▶ 如今广义的中原，指的是黄河中下游地区，包括河南的大部分地区、山东的西部和河北、山西的南部。这里是华夏文明的发祥地之一。

科普一下可好　愚公移山的地方

总以为河南是一马平川，其实山地、丘陵也占了一半。愚公全家移走太行山和王屋山的故事，就发生在河南。

问题来了 不在中国的中央，为什么还叫中原？

虽然中原地区并不是现在中国版图的正中央，但在古代大禹划分的九州中，中原豫州就是被包围在中央的。

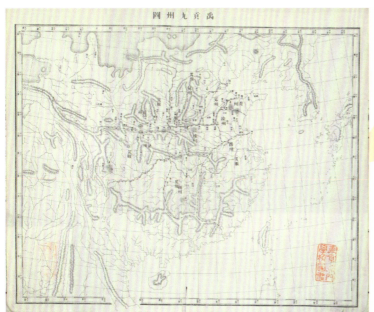

民国时期出版的《禹贡九州图》，九州指的是冀州、兖州、青州、徐州、扬州、荆州、豫州、梁州和雍州。

知道不知道

最符合二十四节气的地方

雨水节气明明都过了，东北、西北却还在下雪。明明已经大寒，但在三亚还穿单衣单裤。难道二十四节气不准了吗？悄悄告诉你，二十四节气原来是在中原制定的，这里才是最符合节气的地方！

▲ 春雨惊春清谷天，夏满芒夏暑相连。秋处露秋寒霜降，冬雪雪冬小大寒。二十四节气歌，你学会了吗？

南方有多南

从北方出发,一路向南,感觉**空气越来越湿润,山山水水越来越多,气温也越来越高。**虽然是阴冷的冬天,但仍然是满眼的绿色。没错,我们到了南方地区。

问题来了 南方在哪里?

秦岭、淮河以南的地区就是南方。南方地区有平原,有山地,有丘陵,有盆地,有高原,还有超级多的河流和湖泊。南方得天独厚的自然条件孕育了多个"鱼米之乡"。

◀ 温润的气候和大量的湖泊滋养出了"天府之国"成都、"湖广熟,天下足"的洞庭湖地区和富庶的江南。

▼ 南方拥有众多河流和湖泊。长江滋养下的河流水量大、汛期长、含沙量小、无结冰期。湖泊方面,南方地区更是将中国淡水湖前三名收入囊中。

问题来了 南方什么最多?

当然是水啦。自带水气的东南季风从海上向西、北进发,南方地区近水楼台,水资源自然丰沛。水多,所以植被也多。不管在山地还是平原,南方地区总是绿油油的一片。

问题来了 西藏算南方吗？

不算。西藏虽然地理位置在南边，但是不算南方。西藏和青海的大部分地区单独构成一个大区域——青藏地区，这里的气候、地势都跟南方不一样，美得独一无二。

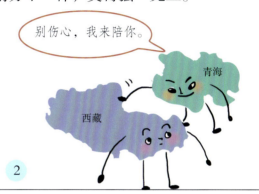

▶ 青藏地区和南方地区之间，隔着横断山脉，大山不仅把它们划成两个区域，还让它们一边高，一边低。

知道不知道 最南的城市不简单

中国最南边的城市是海南省三沙市。此外，三沙还是最年轻的城市、总面积最大的城市、陆地面积最小的城市以及人口最少的城市。凭借一己之力独揽这么多殊荣，三沙可真不简单。

▶ 三沙市位于热带，一年四季都不会冷。当北方人穿上羽绒服过冬时，三沙市市民还穿着短裤、喝着清补凉躲太阳呢。

北方人的冬天　　三沙人的冬天

缘何下江南？

有一个地方，它的美，名声在外，那就是江南。哪怕没去过江南的人，也在诗歌里、电视剧里瞥见过它的传奇。那么问题来了，**江南的魅力究竟在哪里？**

知道不知道 烟雨朦胧是江南

所谓江南，指的是长江之南，更确切地说，是长江中下游南岸区域。这里山清水秀，不仅美丽，而且富饶，引得无数文人墨客为江南写诗。

▶ 江南河湖众多，长江和钱塘江两条大江通过密密麻麻的支系和运河相连，又有全国数一数二的大湖鄱阳湖、洞庭湖、太湖坐镇，怪不得人们把江南叫作水乡。

知道不知道 食在江南，饮在江南

江南属于亚热带季风气候，温暖湿润，雨量充足。不仅人住着舒服，农作物的生长也很旺盛：人们在荷塘里采菱角和莲藕，在稻田里种稻养蟹，还能在云雾缭绕的丘陵山区种茶树。

▼ 江南雨量充足，农民伯伯在水田里一边种水稻一边养鱼。小鱼能吃掉水田里的害虫，拉出来的粑粑还能为水田增加肥料。

科普一下可好 水利设施利江南

为了发展农业,江南十分重视水利设施建设。人们在河道上修建水闸,又围绕水闸开垦土壤肥沃的湖田,既能引水灌溉农田,又能防止洪涝,一举两得。

▶ 徽州渔梁坝始建于唐代,集灌溉、行船、防洪等多功能于一身,被称为"江南的都江堰"。

知道不知道 风里雨里,江南美景里等你

江南之美,不仅美在自然景观,还美在江南人民的超高审美水平。无论是去富贵人家的园林,还是寻常人家的村镇,都美出一种江南独有的韵味。

▼ 江南的园林里不仅有山有水有花草,而且在空间布局上下功夫,每走一步都有不同的美景。著名的拙政园第一任主人是一位名叫王献臣的明朝官员。

西北苍茫的秘密

风吹大漠，扬起漫天黄沙。 从天上往下看，到处都是黄色的，苍茫的西北果然名不虚传！那么问题来了，大西北为何如此苍茫？这里的人们又是怎么找到适合居住的地方的呢？

知道不知道　茫茫西北哪里来

如果用一个字来形容西北，那就是"干"。西北地处内陆，又多高原和山地，高大而绵延的山脉把水汽挡在外面，让干旱成为西北的最大特点。

1　青藏高原让干燥的风走不了，带着水汽的风进不来。

2　所以西北地区气候干燥，并出现了沙漠、戈壁。

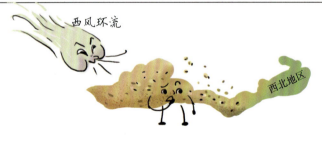

3　沙子被风一路往东吹。

4　经过千万年的堆积，黄土高原诞生了。

▲青藏高原形成后，把南边湿润的印度洋夏季风"拒之门外"，还把干燥的西风环流挡在西北地区上空。远处的东南季风带着水汽赶来，但旅途遥远，还没到西北地区上空就已经走不动了。

问题来了 大西北的人们住在哪里？

人们想活下去，跟着水走就行了。虽然西北多荒漠，但还是有许多河流在努力滋养这里。人们在河流经过的地方居住，照样把日子过得精彩。

窑洞

吐鲁番民居

西北院子

▲人们的房屋形式与周围环境紧密相连。生活在黄土高原的人们凿洞而居，创造了著名的窑洞。吐鲁番气候炎热干燥，民居多厚墙平顶，院子里的葡萄架也是"标配"。西北地区特别是黄土高原土很多，因此，西北民居的主要建筑材料之一便是黄土。

问题来了 大西北的人们爱吃啥？

西北地区属于温带大陆性气候，干旱少雨，很多地方以草原和荒漠为主，适合放牧，不适合种菜。所以人们习惯了少吃青菜，多吃面食和牛羊肉。

䊄(biáng)䊄面　兰州拉面　炒面片　新疆烤馕　烩麻食

来大西北吃大碗面！

知道不知道 苍茫的天涯是我的爱

大漠、边关、古城、日落，来到西北，谁能忍住那股"撒丫子狂奔"的冲动？辽阔的西北让人的身心都变得"野性"起来。

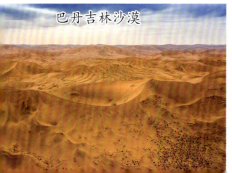
巴丹吉林沙漠

锁阳城塔尔寺玄奘讲经处

嘉峪关是明代长城的最西端。

有故事的名字

大城市、小乡镇，一个个地方就像是一个个人一样，都有属于自己的名字。不仅如此，有的地方的名字里，还藏着一段奇异的故事呢。

知道不知道 大汉威武，我叫武威

武威位于大西北，自古就是兵家必争的西域重镇。2000多年前的汉朝，汉武帝派手下的大将军攻下这里后，为了让人们知道大汉朝的"武功军威"，就给这里取名为武威。

▶ 著名文物"马踏飞燕"就是在这里出土的。

知道不知道 皇帝的帝号做名字

秦始皇统一六国成为最终的霸主，为了江山永固，他特别想长生不老。因此，秦始皇一路向东寻找仙人，结果仙人没找到，只找到了陆地的尽头。后来，这里就得名秦皇岛。

▲ 秦皇岛位于河北省，南临渤海，是中国唯一以皇帝帝号命名的城市。

知道不知道 天子经过的渡口叫天津

明朝的朱棣觉得，当皇帝的叔叔没有亲自当皇帝过瘾，于是他从这里渡河南下，赶跑了侄子建文帝朱允炆，自己当起了皇帝，还把这里改名为天津，意思是天子经过的渡口。

▼ 从天津南下夺得皇位后，明成祖朱棣意识到天津战略地位的重要性，就在这里筑城设卫，派兵管理。所以很多人也喜欢把天津叫作天津卫。

知道不知道

吉林省有个吉林市

吉林市和所在的吉林省同名，是全国唯一省、市同名的城市。吉林市为什么不能重新起个名字？为什么要用省名给自己做名字啊？这你可想错了。明明是先有的吉林市，后来才有吉林省。清初的时候，吉林城已经较为发达了。清光绪末（1907年），以吉林城为省会成立了吉林省。所以说，吉林省的名字还是借了吉林市的光呢。当然，现在吉林省的省会改成了长春。

科普一下可好

"吉林"是怎么来的

吉林市地处东北，居住着许多满族人，满语里用"吉林乌拉"来称呼这里，意思是"沿江的城市"。后来人们把"乌拉"省略掉，吉林乌拉就成了吉林。所以，从字面意思上我们也能看出，"吉林"最初是城市名。

▶ 吉林市的雾凇景观

问题来了 这里的人都包着头吗？

虽然从汉语的角度看，包头像是用布把头包起来的意思。但其实，包头的名字来自蒙古语"包克图"，意思是有鹿的地方。

◀ 包头市位于内蒙古自治区西部，是两种生活方式相接的地方，阴山山脉穿过包头，让包头的北边适合放牧，南方适合耕种。

北麓荒漠高原

北坡比较平缓

南坡比较陡峭

阴山山脉

南麓河套平原

▲ 包头有大量的稀土矿产资源，被称为"稀土之都"。

问题来了 敦煌这个名字是谁起的？

没想到吧，气势恢宏的敦煌其实并不源于汉语。不过到底是从哪个民族的语言翻译过来的，谁也说不清。

▶ "敦煌"一词最早见于《史记·大宛列传》。

古羌人，羌族的祖先

《山海经》，先秦古籍，上古社会生活的百科全书

敦煌命名大会

朵航。

敦薨，h-ong——薨。

吐火罗！

敦，大也。煌，盛也。

《汉书》，中国第一部纪传体断代史，由东汉史学家班固编撰。

吐火罗人，原始印欧人群，其中一支于几千年前迁徙至塔里木盆地一带

知道不知道 要想穿得美,就来锦官城

锦官城是哪儿?其实就是成都。这里的人养蚕织丝,然后用蚕丝制作出华丽的蜀锦,惊艳了世界。为了管理蜀锦,朝廷专门设置了一个叫作锦官的官职,成都也就成了锦官城。

▲锦官城是古蜀国的所在地。据说古蜀国的首位国王蚕丛就是养蚕织丝的专家。

春夜喜雨
(唐)杜甫

好雨知时节,当春乃发生。
随风潜入夜,润物细无声。
野径云俱黑,江船火独明。
晓看红湿处,花重锦官城。

知道不知道 大西南指定代"盐"人

自贡是自流井和贡井合在一起的简称。自贡有许许多多的井，不过这些井里打上来的可不是井水，而是卤（lǔ）水，能做盐的那种。自贡产的盐，让大西南的许多人家，吃饭都有了滋味。

滑轮

天车，自贡人民为了开采井盐而创造的，最高超过百米。竖于井口，用来钻井和采卤

由工人或水牛拉动绞车抽卤水

绞车

汲卤筒

▸ 想要得到井盐可不是件容易事儿，要经过打井——汲卤——晒卤——煎盐等工序，才能得到又细又白的盐粒。

知道不知道 来普洱，喝普洱

因为生产普洱茶，思茅直接把名字改成了普洱。普洱地区生长着树龄上千年的超级古茶树，可以说是茶的祖宗。

▸ 普洱位于云南省南部，深山老林中生长着"活化石"古茶树。

普洱茶，越老越好！

产出来，还要走出去

锦官城的蜀锦、白贡的盐，还有普洱的茶，这些产品质量好，产量高，谁用谁说好。人们专门开辟运输道路，既能把这些优质货物运出去，还能把许多稀奇的东西运进来。

▼ 这个像小板凳一样的木头工具叫背夹子，运盐人就是背着它，将盐运出。

吃口咸盐可真不容易！

食盐看上去平凡又普通，但是古代的交通远不像今天这么方便，不产盐的地方想要吃到盐，只能靠人背过来。西南地区山川林立，河流众多，崇山峻岭中，藏着运盐走出的古盐道。

◀ 四川和云南地形崎岖，运盐的人一步一步前行，生生用脚踏出了盐道。

▲ 藏区地处高原，这里的人常吃高热量的肉食和奶制品，所以喜欢喝茶来解腻、助消化。

马帮踏过茶马古道

你需要茶，我需要马，不如我们互相交换？在茶马古道上，马帮来来回回，把四川、云南一带的茶叶运到西藏等地，再把西藏的马匹运回四川、云南，两边的人都得到了想要的物品。

滑滑的丝绸，长长的路

古代没有飞机，没有汽车，西方人要想得到精美的东方丝绸，只能靠商队一步一步走过来。这一走，就走出了连接亚欧大陆东西方的丝绸之路。

▲ 汉武帝为了跟匈奴打仗，派张骞出使西域，联合汉朝西边的国家，由此打开了汉代通西域的大门，也开启了丝绸之路的传奇故事。

◀ 丝绸之路上有石榴、葡萄、大蒜、香菜、胡椒等"外国货"，还有丝绸、瓷器、茶叶等精美的"出口货品"。

绝密！蚕宝宝是顶级机密

为了不让他人偷学丝织技术，丝绸之路上可以运送丝绸，但是不能运送蚕宝宝！要是发现有人偷带蚕宝宝，或者藏着蚕宝宝的蚕茧，官府可是会严加惩罚的。

有历史的城

摊开地图，广袤的中华大地上**布满了各种城**。有的城**历史悠久**，住过帝王将相和文人墨客；有的城**繁华浪漫**，在诗词歌赋里"安家落户"；还有的城，它的故事正等着你去发掘……

知道不知道　千年风雨在长沙

长沙这个名字，早在3000多年前的西周就已出现。后来秦始皇统一六国、建立秦朝，把天下分为三十六个郡，长沙就是其中之一。

◀ 橘子洲位于长沙市岳麓区的湘江中心，是湘江下游众多冲积沙洲中面积最大的一个。

◀ 长沙的地下藏着一种特别的石头——菊花石。石头上的菊花花纹是经过数百万年的地质运动而天然形成的。

科普一下可好　长沙的腐乳是鱼做的？

在长沙，人们把腐乳称作"猫鱼"。长沙风俗中忌讳早上说与"虎"同音的字，都用"猫"代替。恰巧，长沙话把"腐"读作"虎"，"乳"读作"鱼"，所以，腐乳就变成了"猫鱼"。

知道不知道 在下邯郸，三千年没改过名

英雄好汉常说自己"行不更名，坐不改姓"。这句话要是拿来形容城市的话，简直是为邯郸量身定做的。作为一个三千年没改过名字的城市，邯郸绝对是顶天立地的英雄好汉。

▸ 三千年的时光给邯郸留下了一笔特殊的财富——成语。据不完全统计，与邯郸有关的历史典故和成语有上千条。

知道不知道 在荆州，改名是会上瘾的

有的城市几千年来不爱改名，有的城市却经常改名，比如荆州。在历史上，荆州曾经叫过郢（yǐng）都、江陵、荆南等好几个名字。尤其是宋朝时，每隔几十年，荆州就会改一次名。

关羽：关羽大意失荆州，关羽大意失江陵，关羽大意失郢都，关羽大意失……我到底失了哪？

▲ 长江来到荆州附近后，就有了一个新名字——荆江。荆江的上一段还比较稳定，可是下一段来到江汉平原和洞庭湖平原之间，就变得"蛇形走位"，走出一段"九曲回肠"。

问题来了 谁在古诗词里"安家"了?

古人的诗篇里,经常出现各种地名。那么问题来了,哪些地方是古代文人的最爱呢?请你来投票。

春风得意马蹄疾,一日看尽长安花。

孟郊

总为浮云能蔽日,长安不见使人愁。
李白

长安遥在日光边,忆君不见令人老。

岑参

李白斗酒诗百篇,长安市上酒家眠。
杜甫

1号选手长安(也就是今天的西安):作为唐朝的都城,深受文人墨客喜爱。

看花东上陌,惊动洛阳人。
李白

中和癸卯春三月,洛阳城外花如雪。

韦庄

洛阳亲友如相问,一片冰心在玉壶。

王昌龄

洛阳东风几时来,川波岸柳春全回。

韩愈

洛阳城里见秋风,欲作家书意万重。
张籍

洛阳城东桃李花,飞来飞去落谁家。

刘希夷

2号选手洛阳:作为千年古都,在比拼诗词方面从不害怕。

王者归来——古都大比拼

有些城里不仅有穿越历史的老故事，还有**雕栏玉砌**的**大皇宫**！当古代王朝都随历史逝去，成为过眼云烟后，这些古都却依然活力四射，闪耀着独特的光芒。

知道不知道　看尽古今在洛阳

洛阳是中国最古老的都城。早在数千年前的先秦时代，洛阳就是国都。北宋著名"砸缸"文学家司马光曾用"若问古今兴废事，请君只看洛阳城"来形容它的悠久历史。

> 河南洛阳，华夏文明的发祥地之一，最古老的都城。

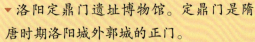
洛阳是中国最著名的牡丹花城。

二里头遗址出土的青铜爵是中国最早的青铜器。

▼洛阳定鼎门遗址博物馆。定鼎门是隋唐时期洛阳城外郭城的正门。

知道不知道 长安长安，长治久安

西安，刘邦给它取名为"长安"，曾当过汉、唐等13个朝代的都城。在西安，你能看到秦朝的兵马俑、汉代的未央宫，还有唐代皇帝泡澡的华清池。

> 陕西西安，当都城当到手软。

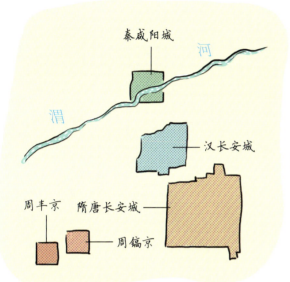

◀ 长安虽然是十三朝古都，但每个朝代都城的位置是不同的。

◀ 盛唐时期，长安城的规模达到了顶峰。朱雀门街是唐长安城最宽的街道，能同时容纳几十匹马并排行走。

知道不知道 自带"王气"南京城

> 千挑万选，还是南京最适合我大明王朝……
>
> 明太祖 朱元璋

南京也是六朝古都，它曾是三国东吴、东晋，以及南朝宋、齐、梁、陈的都城。据三国时期著名军事家诸葛亮分析，南京有虎踞龙盘之势，属于自带"王气"体质。

▼ 作为一座历史悠久的古城，南京当然不只有一个名字。因为南京城附近的钟山曾叫金陵山，所以南京也被叫作金陵。此外，南京还曾叫过秣（mò）陵、建业、建邺、建康。

▶ 东汉末年，吴国孙权定都建业（今南京），在石头山就地取材，筑石头城做军事防御之用。后来，人们将南京称为"石头城"。

知道不知道 定都就选北京城

北京是中国的首都,也是历史悠久的六朝古都,曾经当过燕、辽、金、元、明、清六个朝代或国家的都城。北京城最著名的旅游景点故宫,就是当年的皇家宫殿。

▶ 故宫又名紫禁城。在古代,普通人根本没机会进皇宫,所以是"禁"城。不过现在,你只要买张门票就能到曾经的紫禁城里参观啦。

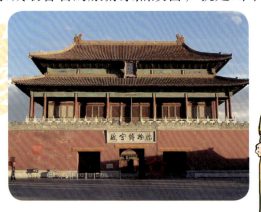

科普一下可好 北京的曾用名

北京建城的历史长达千年,叫过的名字也有很多,比如蓟、幽州、大都、北平等。辽代时,作为陪都,辽太宗升当时的幽州为幽都府,京号为"南京",让北京和今天的南京险些"撞名"。

知道不知道 中华大地古都多

中国历史那么悠久,当过都城的城市那么多,怎么能只有四大古都?加!继续加!起码应该有七大古都、八大古都,不对,十大古都!

▲ 开封,八朝古都,北宋都城。传世名画《清明上河图》实景所在地。曾用名:汴京、东京。

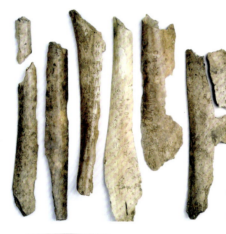

▶ 南北朝时期的北魏曾以大同为都城。不过那时不叫大同,而是叫平城。

◀ 早在商朝时,安阳就当过都城(那时安阳还叫"殷")。殷墟出土的龟壳兽骨上刻着3000多年前的文字——甲骨文。

科普一下可好 古代选都标准大揭秘

作为朝代或国家的政治中心,都城的地理位置十分重要。一般来说,能当都城的地方要符合以下几个标准:

一: 安全最重要!有山脉作为天然屏障,易守难攻有保障;

二: 交通便利,方便政令传达;

三: 有河流经过,提供水源;

四: 要人多地方大,要繁华又气派,看上去就很霸气!

念不对的地名大集合

有的地名看起来很简单,每个字都认识,可连在一起,就都念不对了。一读出来,就会被当地人纠正。为什么!为什么!**为什么有这么多念不对的地名啊!**

知道不知道 方言念台(tāi)州

台州不是 tái 州,而是 tāi 州。台州位于浙江,因为附近有座天台山而得名。台州话属于吴语—台州片,按照方言的念法,台州就叫 tāi 州。

▼ 位于台州的天台(tāi)山山势陡峭,多悬岩、瀑布。

◀ 看上去像是长城,但其实是台州的古城墙。古城墙始建于东晋,于唐朝进行了扩建,宋朝定型,被称为"江南长城"。

知道不知道　只有六安，没有一二三四五安

哪个地方能让外地人一张嘴就叫错？那一定是六安。外地人可能想不到，位于安徽省的六安，居然要念作lù安，而不是liù安。

▶ "六"原本读作lù，与"陆"同音。后来，"六"的读音变为liù，但当地民众仍习惯念旧音。六安位于长江与淮河中间，大别山北，是连接华东和华中地区的咽喉要道，自古就是兵家必争的战略要地。

知道不知道

眼神不好，念不对亳州

这个字不是毫米的"毫"吗？仔细一看，不对不对，"毫"下面是个"毛"，这个字下面少一横。原来不是毫州，而是亳（bó）州。

◀ 亳州是三国著名人物曹操和神医华佗的家乡。据说华佗还给老乡曹操看过病。

问题来了

这些地名怎么念？

有的地名读起来朗朗上口，有的地名，却让外乡人摸着脑袋不敢念。问题来了，这些地名怎么念？

跟着方言念

渑（miǎn）池县，隶属于河南省三门峡市。
蚌（bèng）埠（bù），安徽省地级市，古代著名的采珠之地，有"珠城"的美誉。
丽（lí）水，地处浙江省西南部，是浙江省面积最大的地级市。

这些字看着好面生

黟（yī）县，隶属于安徽省黄山市。
盱（xū）眙（yí），隶属于江苏省淮安市。
隰（xí）县，隶属于山西省临汾市。

爆料！名不符实

震惊！为什么**西湖**的**断桥没有断**？为什么**酒泉的泉里不是酒**？为什么仙桃的果林里没有孙悟空，没有七仙女，甚至没有仙桃……为什么这些地名都会唬人呢？

断桥没断，骗子，退票！

人家以前叫段家桥啦，而且西湖也不卖门票呀，怎么退票？

知道不知道 仙桃没仙桃

湖北省有个地方叫仙桃。请问来这里能看到孙悟空吃桃子吗？有七仙女摘仙桃吗？想多啦，仙桃没有孙悟空，没有七仙女，甚至没有吃了能成仙的大仙桃。

▶ 仙桃曾经叫沔（miǎn）阳。仙桃旁边有一条大江，叫作汉江。在古代，汉江还有另一个名字——沔水。古人云：山南水北谓之阳。沔水以北，正是沔阳。

知道不知道 酒泉没有酒

酒泉是酒做的喷泉吗？误会了，误会了。酒泉有泉，但是没酒。据说，古人觉得这里的泉水咕嘟咕嘟冒，就像酒一样，所以起了"酒泉"这个名字。

▶ 酒泉虽然没有酒，但有中国创建最早、规模最大的卫星发射中心，目前，中国所有载人飞船都是从这里发射的。

知道不知道 昆山不是山

昆山位于长江三角洲太湖平原，这里有一望无际的平原，有交错综合的河湖，但就是没有名为昆山的山。

▶ 昆山其实有山，唯一的山位于昆山西北处，名叫玉峰山。虽然只有海拔80多米，但在广阔的平原上一峰独秀，有"真山似假山"之称。

有味道的地图

不同的地方不仅看上去不一样，吃起来、闻起来也不一样。仔细感受一下，**山西是酸的**，**四川是麻辣味的**，**贵州是晕乎乎的酒味……** 这是哪里，居然还有花的香味儿。

知道不知道 酸溜溜的山西爱吃醋

醋对山西人来说，就是家乡味儿，日常生活中少不了。但山西人到了外地，却不怎么吃醋，因为外地的醋实在是跟山西老陈醋没法比！

◀ 高山把水汽都挡住了，所以山西一年到头干旱少雨，适合种植谷子、黍子、高粱等耐旱的农作物。人们平时最常吃的，便是各种面食。面食吃多了容易肚子胀气、不好消化，配上一点助消化的醋，问题就解决了。

知道不知道 火辣辣的四川麻又辣

来到四川，就闻到了满街的麻辣味。一份辣子鸡，再来一份麻婆豆腐，配上红油翻滚的麻辣火锅。每一道菜都又麻又辣，真是过瘾。

▸ 四川河流众多，且地处盆地，水汽充足。潮湿的空气让人很想吃点辣的去去潮气。

上游是茅台，下游望泸州。船到二郎滩，又该喝郎酒。

问题来了

什么酒，让人醉倒在贵州不想走？

当然是茅台！贵州山脉多，丘陵多，却能在很少的田地上种出茅台酒的原材料——糯高粱。再加上有"美酒河"之称的赤水河的滋养，酒香就这样飘满贵州了。

科普一下可好 满城花香香满城

五月，北京的槐花开了，整个北京城都飘着槐花的香气。到了农历八月，去杭州闻一闻，到处是桂花甜甜的香气。当然，在昆明，一年四季都能闻到不同的花香味。

哎呀，撞名了

如果两个人的名字一样，那没什么好奇怪的。但如果相隔很远的两个地方名字一样，是不是就很奇怪了呢？不过，**古代信息流通不畅**，出现"撞名"现象也是可以理解的。

知道不知道　因为一首宋词，多了个赤壁

孙权和刘备联军，在赤壁大破曹军的故事十分经典。不仅我们喜欢，北宋文豪苏轼也很喜欢。他还专门来到"赤壁"，写下《念奴娇·赤壁怀古》。唉，要是他没来错地方就好了。

赤壁之战战场

苏轼流放地

大江东去，浪淘尽，千古风流人物……

他是不是找错地方了？

……人生如梦，一樽还酹江月。

▲ 湖北省咸宁市代管的赤壁市，据说是赤壁之战的真正发生地，俗称"武赤壁"。而被流放黄州（今湖北省黄冈市）的苏轼，错把赤红色的岩壁当成了赤壁之战的战场，还写了一首千古佳作。因为词写得太好了，这个不是赤壁的地方也出了名，成了"文赤壁"。

悟空，你老家究竟在哪啊？

《西游记》里有个章节叫《真假孙悟空》，两只猴打得那叫一个难分难解。现实生活中虽然看不到两个孙悟空，但是孙悟空的老家——花果山却有两座。

▲ 洛阳花果山最早叫姑瑶山。传说，天帝的女儿死后，在这座山上化为仙草。因为是姑娘化为草的地方，所以又叫"化姑山"。后来叫着叫着，就变成了"花果山"。

▲ 这座花果山位于江苏省连云港市，山里生活着许多猕猴，而且离《西游记》的作者吴承恩的老家不远，很多人都觉得这里就是《西游记》中的花果山。

西湖"饿"成瘦西湖？

江南烟雨中，浙江杭州的西湖美丽又朦胧。但是远在江苏扬州，居然还有一个瘦西湖，是因为它比杭州那个西湖更"瘦"吗？

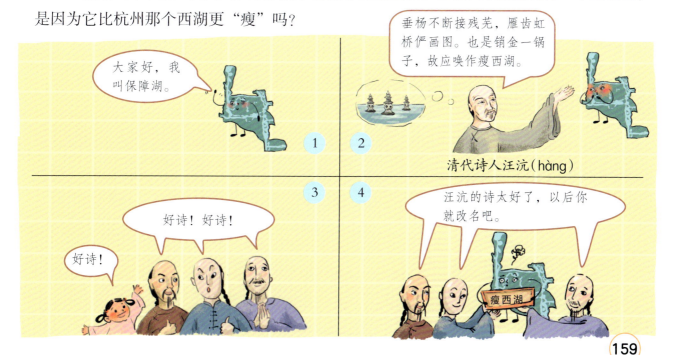

"戏"红"人"不红的城市

有的城市威名远扬，光报名字就让人心生向往。可有的城市，竟然没有下辖景点的名气大。唉，不仅演员担心戏红人不红，城市也要担心景红城不红呀……

知道不知道　崆峒山上望平凉

赫赫有名的崆峒山就在甘肃省平凉市。在这里，不仅能在崆峒山上欣赏正宗的崆峒派功夫，还能在平凉市的街头和33个民族的人们一起吃泡馍，喝羊肉汤。

▲ 公元376年，前秦王苻坚攻灭前凉，设平凉郡，取"平定凉国"之意，平凉由此得名。

知道不知道　登武夷，来南平

武夷山的大名众人皆知，但你了解它的"家乡"南平市吗？虽然名气和年龄都比不上武夷山，但南平也是个历史悠久的古城，齐天大圣文化、张三丰太极文化都发源于此。

▶ 在古代，南平可是"学霸"之城。这里共出过19位宰相和2000多位进士！

知道不知道 安顺有一群大瀑布

提起贵州省安顺市，很多人可能一头雾水；但要说起黄果树瀑布，那可是无人不知。其实，这著名的黄果树瀑布，就在安顺。安顺不仅有黄果树瀑布，还有壮观的瀑布群。

▲ 黄果树大瀑布高77.8米，宽101米。

▲ 几千万年前，地壳运动让这里的河床出现了许多"台阶"，形成了壮观的瀑布群。

▲ 安顺正好在云贵高原苗岭山脉的山脊线上，气候凉爽宜人。

知道不知道 原来五台山和雁门关是"一家人"

大名鼎鼎的五台山和雁门关竟然在同一个城市——忻州。忻州是山西省市域面积最大的城市，黄河从这里流过，它还是著名的革命老区。哇，忻州真是太低调了。

▲ 忻州是"摔跤之乡"。在这里，摔跤比赛有个奇怪的名字，叫"挠羊赛"。"挠"在当地方言里是举起的意思。只有摔跤冠军才能举起冠军的奖品——一只羊。

这些地方不"地道"

说起西北地区，人们首先想到的一定是**苍茫大漠**和**豪爽**的**西北汉子**。说到江南，人们首先想到的是**小桥流水**和**娇俏的江南女子**。可是为什么有的城市，却跟自家兄弟一点也不一样，仿佛是被硬塞进来的呢？

知道不知道 汉中"不陕西"

汉中位于陕西省，可是这里风俗、饮食还有方言，都带着一股四川味儿。这里没有陕西的黄土，而是一派江南景色。第一次来这里的人，可能会怀疑自己不在陕西。

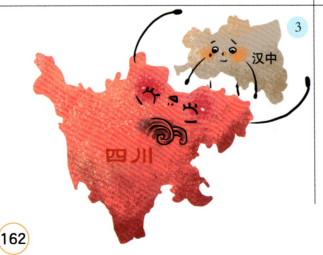

▲ 汉中与西安的直线距离虽然不远，但是它俩之间隔着高高的秦岭。古代交通不便，比起山那边的西安，汉中与山这边的四川联系更紧密。有关中盆地和四川盆地"护体"，汉中一点都不缺水。它不仅有大片的油菜花田，还盛产茶叶。

知道不知道　庆阳"很陕西"

庆阳明明在甘肃，为什么有一股浓浓的陕西味儿？历史上，庆阳曾是陕西省的一部分，后来拆拆合合，庆阳跟陕西分了家，成了甘肃的一部分。

哗啦啦唱秦腔……

哇呀呀唱陇剧……

▶ 庆阳人对陕西的秦腔情有独钟，没事儿就会唱几句。不过，甘肃特有的陇剧同样是庆阳人的心头宝。

◀ 庆阳有包括"天下黄土第一塬"董志塬在内的很多大塬，在塬上开窑洞便是再自然不过的事了。

知道不知道　大连"不东北"

大连位于辽东半岛，从地理上看，是妥妥的东北城市，而且还是发达现代的"东北之窗"。可是大连人一开口，咦，怎么一股"海蛎子味"？

▶ 山东烟台、威海等地人讲胶辽官话，"闯关东"后，这种语言也被他们带到了大连。

为什么你说话没有东北口音？

我这是"海蛎子味"的东北话。

外地人　　大连人

知道不知道　衢州"不浙江"

衢（qú）州真的非常特别，它远离大海，群山林立，像江西那样爱吃辣，建粉墙黛瓦的徽派建筑，生活中还有点福建习俗。但是仔细一看，衢州居然是浙江的！

◀ 古代，人们把四通八达的大路称作"衢"。衢州这个名字，一听就是交通便捷的地方。这里是浙江、安徽、江西、福建交界处，条条大路可跑车马，条条大河可行商船，妙哉。

问题来了 去甘肃也能下江南?

当然能!来陇南就行。"陇"是甘肃的简称之一,陇南这个地名,一听就属于甘肃。可来到陇南一看,种水稻、产茶叶,跟南方似的,这里真的是在甘肃吗?

▲ 甘肃南部的陇南市位于秦岭以南,是甘肃省唯一全境属于长江流域并拥有亚热带气候的地区,有"陇上江南"之称。

其他地方的甘肃人

陇南人

陇南也有大熊猫、金丝猴等珍稀动物

科普一下可好 两种大熊猫,千年没见面

大熊猫明明是凶猛的熊科动物,却长着一副"呆萌"模样。不过没想到的是,由于长期的地理阻隔,大熊猫发展成了两个不同的种群,而且这两个种群居然已经几十万年没见过面了。

1 秦岭大熊猫 四川大熊猫	2 我不认识他。 我也不认识他。 秦岭大熊猫 四川大熊猫
3 你们不是长得一样吗? 秦岭大熊猫 四川大熊猫	4 不一样! 秦岭大熊猫 四川大熊猫

◀ 四川大熊猫头大、头型长,体型相对娇小;秦岭大熊猫头小、头型圆,体型相对庞大,体长可达1.7米。当然,这些细微的差别,我们通常是分辨不出来的。

知道不知道 信阳"不河南"

信阳位于河南最南部,东接安徽,南临湖北。比起河南,这里的湖北味儿更浓。河南人说方言时,"弄啥嘞""可带劲",可信阳人一说方言,怎么没有那种河南味儿啊。

其他地方的河南人　　信阳人

▲明朝末年,李自成带兵攻下光州(今信阳潢川县),并残忍屠城。清朝时,江西南昌、九江的人迁到这里居住,信阳方言就带上了江西味。

▲都说河南人爱吃面食,可信阳人却爱吃米饭。信阳位于豫南山地,丘陵众多,人们开发梯田种水稻,日常主食都吃米饭。

知道不知道 运城"不山西"

运城位于山西省,但距离陕西只隔着一条黄河。运城人爱吃肉夹馍,说话也像陕西话。运城的地理位置对于关中至关重要,以至于北宋直接把运城划给了陕西省。

▶秦汉时期,运城和临汾两地为河东郡,后来,"河东"便成了运城的泛称。祖籍运城的唐代著名诗人柳宗元就被世人称为"柳河东"。当然,更著名的"柳河东",便是北宋陈慥(zào,字季常)的妻子——运城人柳氏,被苏轼调侃的"河东狮吼"的典故,更是流传千古。

柳宗元

柳氏

"内斗",我们是认真的

抗议!抗议!我们这些地区,明明方言、饮食都不同,却待在一个省里。这究竟是时代的烙印,还是命运的玩笑?别笑啊,"内斗",我们可是认真的!

▲ 不管怎么"内斗",江苏13个地级市的综合实力在全国都名列前茅,这是其他省都难以企及的。

"散装"江苏就是牛

长江哗啦啦流过,把江苏划分成苏南、苏北两大区域。北边多平原,南边多丘陵。人们印象中的烟雨江南、吴侬软语,基本来源于苏南;苏北则跟北方联系紧密。

一个广东三种妙

广东省真的好神奇,住着三种不同的人:广府人、客家人和潮汕人。他们虽然都是广东人,可是日常习俗和方言天差地别。这是为什么呢?

▲ 广府人是广东原住民与其他地区迁来人的后代,说粤语。位于广东韶关南雄市的珠玑巷被称为广府人的祖居地,也是广府文化的发源地。

▲ 广东的客家人是从魏晋南北朝时期开始,逐步迁来广东定居的人们,主要分布在粤北山区。

▲ 潮汕人的祖先来自中原地区,因为战乱等原因迁来广东,说潮汕话,现主要分布在汕头、潮州、揭阳、汕尾四市。

内蒙古人都骑马上学吗?

从地图上看,内蒙古特别长——从东到西,横跨了东北、华北、西北三大区域。著名的大草原主要在东边,西边是茫茫沙漠。答应我,以后不要问内蒙古人是不是骑马上学了,好吗?

▼ 内蒙古自治区东西长约2400千米,东部有著名的呼伦贝尔大草原、锡林郭勒大草原和大兴安岭林海。中部为富庶的河套平原,主要有"中国乳都"呼和浩特和"草原钢城"包头。西部多沙漠,人们的生活习惯与西北相近。

外地人眼中的内蒙古

真正的内蒙古

第五章
人与大自然的鬼斧

人类地表塑造的杰作

个人的力量虽然微弱，但许多人一起努力，那可就厉害了。你看广阔的**农田**、多样的**民居**，哪一样不是人类对地表的塑造。哦对了，就连脚下的路，也是人类的杰作。

知道不知道 古往今来路路通

有人走的地方就有路，哪怕走到河边没路了，还能建桥。当靠脚走出来的小土路满足不了人们走四方的宏愿时，还能修建宽阔的大马路，用四通八达的交通网连通华夏大地。

▲子午道，从长安城越过秦岭向南的道路。

◀秦始皇统一六国后修建的"国道"叫驰道。驰道以都城咸阳为中心，向整个秦国铺开。不过只有皇帝的车马才能走驰道。

知道不知道 大江大河，听我安排

江水悠悠，总是让人欢喜让人忧。缺水闹旱灾，水多了发洪灾。人们会甘心被水限制吗？当然不！所以就在江河上修建水利设施，把江水的流速流量安排得明明白白的。

第二步，筑金刚堤，把岷江一分为二。外江宽而内江深，汛期水量外江分六成、内江分四成；枯水期水量内江分六成、外江分四成，保证成都平原既不涝也不旱

内江含沙量低，为清水流

外江含沙量高，为浊水流

飞沙堰：低于金刚堤、高于内江所需要的最高水位。枯水期可彻底将内、外江隔开，汛期多余的内江水带着泥沙漫过飞沙堰到外江，既分水又分沙

第一步，劈开玉垒山，引得岷江水，滋润成都平原

▲ 都江堰是战国时期秦国蜀郡太守李冰父子主持修建的大型水利工程。通过修建江水分流通道等设施，成都平原成了不被洪涝干旱困扰的"天府之国"。

知道不知道 南北农田不相同

为了不挨饿，原始人选取大自然里能吃、好吃的植物，有意识地种植，就有了农业。因为南、北方环境和植物不相同，所以农田也分水田、旱田，种出来的东西也不一样。

▲ 中国农业起源大致分为两条源流，一条以长江中下游为核心，以种植水稻为代表的水田农业；另一条以黄河流域为核心，以种植小麦、小米为代表的旱田农业。

历史名园

假山、人工湖……这是在逛公园吗？不，你在逛别人的家。有种传统中国建筑，能把山水搬进自己家，那就是园林。古人把盖房子玩成了艺术，把自己家变得比公园还漂亮。

知道不知道 "四大名园"占了俩

苏州拙政园、苏州留园、北京颐和园、承德避暑山庄并称中国"四大名园"。瞧瞧，苏州园林多厉害，占据"四大名园"的半壁江山，难怪苏州被称为"园林之城"。

亭：园林中的常见建筑，只有屋顶，没有墙

榭：建在高台或水面上的木屋

太湖石：原产于太湖边的石头，在水流的冲击下变得多孔，因形状奇特深受园林建造者青睐

▲ 留园是苏州园林中最具代表性的一个。留园里很多景色都用古诗文命名——又一村取自陆游《游山西村》"山重水复疑无路，柳暗花明又一村"。还读我书斋取自陶渊明《读山海经》"既耕亦已种，时还读我书"。

王献臣：做官又难又累，我要回苏州盖园子！

徐少泉：愿赌服输，这院子归我了。

王献臣的儿子：爹啊，我把拙政园输没了……

王献臣：你个败家子！

▲ 拙政园为明朝官员王献臣所建，后来，拙政园几易其主，不断扩大，成为苏州最大的古典园林。

知道不知道 是再创作，不是山寨

清朝皇帝没空经常下江南，就盖了颐和园，把江南搬到了京城。不过颐和园可不是江南园林的山寨品，而是对江南园林风格的再创作，既有江南之美，又有皇家的恢宏。

> 要有江南园林的美。

> 安排！以杭州西湖为蓝本，但比西湖更美。

> 要有皇家气派。

> 皇家专属色——红墙黄瓦，安排！湖里再修个皇家才能修的仙岛。

> 要比别的园林都大。

> 安排！不仅有湖，还有山，山上修宫殿。皇家园林，应有尽有！

治镜阁岛
藻鉴堂岛
南湖岛

◀ 昆明湖内有3个湖心岛，这是皇家园林常见的"一池三山"模式。"一池"是模仿汉代的太液池，"三山"指神话里的蓬莱、方丈和瀛（yíng）洲三座仙山。

乾隆皇帝

颐和园设计师之一，"样式雷"家族第四代传人，雷家玺

知道不知道 圆明园里的黑科技

圆明园是康熙皇帝赐给胤禛（后来的雍正皇帝）的园林，再经后面几位皇帝续建，更是中西合璧且科技感十足。在没有电的时代，硬是运用机械原理做出了各种喷泉，有的还会自动报时！

▲ 十二生肖人身兽头铜像，海晏堂里的"水力钟"。每个时辰会有一个铜像从嘴里喷水报时，正午时，十二个铜像会一起喷水。

▲ 大水法，圆明园里最为壮观的露天欧式喷泉。1860年毁于英法联军之手。

200亿中国人的城

我们的祖先在中华大地上生活，逐渐有了城市。 城市不仅有城墙，外面还有护城河，所以城也叫城池。刚开始时城池款式随性，后来变得规整，布局也越来越精细、合理。

知道不知道　最早的城池是圆的

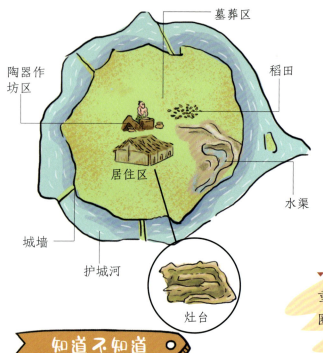

6000多年前的城市规划能有多合理？城头山遗址告诉你。别看它圆圆的，但外有城墙，内部划分成生活区、工作区、市区还有墓葬区，一切安排得明明白白。

▶ 城头山遗址位于湖南省常德市澧县，是中国迄今发现时代最早、保护最完整的古城遗址，被誉为"中国最早的城市"。

▼ 克里孟古城对研究古代北方鲜卑民族的历史有重要价值。城外没有护城河，但围着城修建了一圈土梁，起到护城河的作用。

克里孟古城　哈卜泉河

知道不知道

就要在草原上建城市

一望无际的大草原上居然也有城池？当然！古代的鲜卑民族原本是游牧民族，后来想要"转型"成为农耕民族，在阴山以北的草原上修建了城池，就是现在的克里孟古城。

问题来了 为什么大多数古城都是方形的？

其实古代的城池各种形状都有，有的城池临山靠河，甚至会建成不规则形状。不过方形最便于建设，再加上很多地位重要的大型城池都是方城，让人误以为所有城池都是方形。

敌台：向城墙外侧突出的墩台，可以布置弓箭手

城楼：城门上面的防御工事

瓮城：城门外的防御工事，通过拐弯增加敌军的攻城难度

吊桥：架在护城河上，也可以拉起来。方便自己人出入，同时可阻止敌人进入

护城河：防止敌人和猛兽进入城中

知道不知道 城池款式也流行"套娃"

社会一直在发展，住在城里的人越来越多，不得已，城里又修了城，成了"套娃"，比如在都城里面修皇宫。皇宫被高墙围住，四面都有城门，是个不能随便进出的城中城。

▶长安城和北京城都可以分为外城、内城、皇城和宫城四部分。外城、内城分别由百姓和官员居住，皇城和宫城分别是皇帝办公和皇族居住的区域。右图为清朝时期的北京城轮廓。

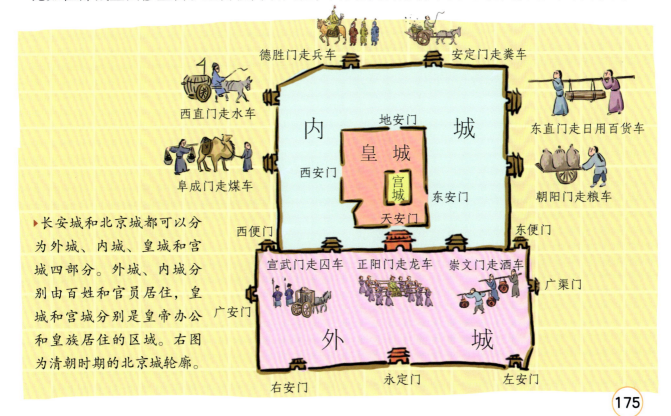

德胜门走兵车
安定门走粪车
西直门走水车
东直门走日用百货车
阜成门走煤车
朝阳门走粮车
西安门　地安门　内　城
皇城
宫城
天安门　东安门
西便门　东便门
宣武门走囚车　正阳门走龙车　崇文门走酒车
广安门　广渠门
外　城
右安门　永定门　左安门

楼高？塔高？

塔在中国那么常见，居然是外来建筑！ 古代佛教从印度传到中国时，高高的佛塔也跟着来了。其实汉字原来连"塔"这个字都没有，是特意为了这种建筑才造出来的。

知道不知道　塔高！

古代没有电梯，所以建筑物都不高，除了——塔！塔是存放释迦牟尼遗物的地方，为了表达对佛陀的尊重，古人觉得塔建得越高越好。放眼古代的建筑物，最高的一定是塔。

中国高塔 TOP3

泾阳崇文塔：原高83米，加上新修的塔刹，高度变为87米，现为中国最高的古塔，明朝时建造

汾阳文峰塔：最高的古砖塔。塔高84.97米，明末清初时建造

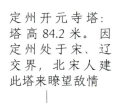

定州开元寺塔：塔高84.2米。因定州处于宋、辽交界，北宋人建此塔来瞭望敌情

知道不知道　单飞成团总相宜

塔和寺院密不可分。最开始时，一间寺院只建一座塔，后来，塔的作用越来越大，渐渐出现了一寺双塔甚至一寺多塔的情况。

▲六和塔位于浙江省杭州市，始建于宋代。

▲永祚寺双塔位于山西省太原市，是中国现存最高的古代双塔建筑。

▲崇圣寺三塔位于云南省大理古城西北部。

▲少林寺塔林位于少林寺西，是寺院历代高僧的墓塔。

知道不知道 千奇百怪塔造型

佛教传入中国的路线有很多条，塔在跟各地的建筑艺术碰撞后，出现了本土化的再创作。很多看起来造型奇特的塔，其实也是有千百年历史的古塔。

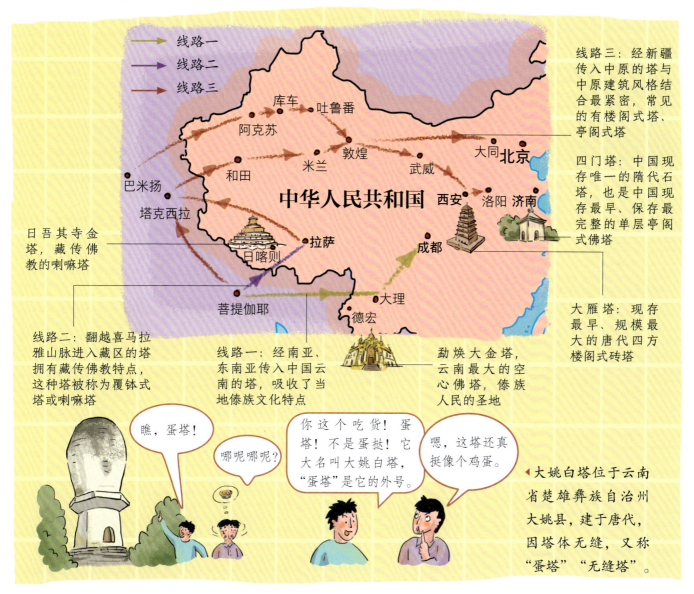

▶ 大姚白塔位于云南省楚雄彝族自治州大姚县，建于唐代，因塔体无缝，又称"蛋塔""无缝塔"。

知道不知道 塔界大赏

塔从最初存放佛陀舍利子的坟冢，慢慢被人们赋予了新的功能，有的用来辟邪、祈福，有的用来观察敌情，有的用来纪念某个事件。塔早已成为一种常见的建筑了。

胆小慎入！此处建筑有危险

别看古人没有现代机械，盖不出摩天大楼，但是他们胆量惊人，**山巅峭壁上都能造房子！**这些建筑虽然看着惊险，但绝没有"豆腐渣工程"，**千百年后依然坚强挺立。**

知道不知道　要和太阳肩并肩

古人觉得高山本身就是神灵的化身，在山巅修建庙宇，就可以跟天地交融，所以宁可克服恐高、腿软、交通不便等困难，也要住在山巅，和太阳肩并肩。

知道不知道　建在悬崖峭壁边

悬崖看着好吓人，没有经过专业攀岩训练的人根本爬不上去。但古人偏偏不信邪，在这样的地方也盖了房子，仿佛物理学都不起作用了。

▲ 梵净山位于贵州省铜仁市，金顶海拔2336米。两座寺庙四周是绝壁，中间由一座小桥相连。

▼悬空寺位于山西省大同市浑源县恒山的山腰上，始建于公元491年（北魏后期）。

瞧，不管多重，"地基"都会托住我。

遮雨

挡风

感谢恒山为我挡风遮雨。

悬空寺

这么细的柱子能支得住吗？我可不敢在上面走。

知道不知道 在绝壁上打洞

在绝壁上打洞居住，这么不爱跟别人交流吗？其实有些洞是修道之人为了参禅面壁而建，有些则是战乱时代为了避祸而建，还有一些是原始人类生活的遗迹。

◀ 丹霞地貌使得武夷山崖壁上形成天然洞穴，距离地面有数十米高。清末，当地富户为躲避战乱而搬到此处居住，通过一种叫作天车的工具运送物品。如今还能看到木制的天车架，但天车早已不见。

—— 天车架

知道不知道 房坚强

除了"上天"，一些古建筑还能"入水"，直面大风大浪。历经了那么多年风吹雨打、水淹浪摧，它们依然坚挺，可谓建筑界的"房坚强"。

青砖墙：用不怕水泡的青砖做墙体，哪怕被水淹没也不会坏

▼ 鄂州观音阁位于湖北省鄂州市长江中的巨型礁石——龙蟠矶上，元代建成。为了提醒往来船只不要触礁，古人干脆在礁石上建造了这个"灯塔"。

挡水墙：观音阁西侧的"U"型墙体，可保护观音阁主体免遭洪水冲击

石台：船舷样的巨石作为地基，不会被江水冲垮

从赵州桥到立交桥

当江河湖泊挡住人走四方的脚步时怎么办？造桥！而且要造集实用与美观为一体的桥。虽然没有钢筋混凝土，但古人有灵活的脑袋和不屈的精神，**照样造出被现代人膜拜的桥。**

知道不知道 桥界"老大"难撼动

赵州桥简历：

世界现存年代最久远、跨度最大、保存最完整的单孔坦弧敞肩石拱桥。首批国家重点文物之一。"敞肩拱"的运用为世界桥梁史首创。天下第一桥。

敞肩拱：主拱肩部的小拱，节省石料、增加排水面积

拱桥：轻巧、省材料、方便泄洪

粗砂地基：提高桥梁的承重力，确保稳定性

石料：中国多山，石料资源丰富，适合修桥

当地人：大石桥 宋哲宗：安济桥 赵州官员：赵州桥

▲ 赵州桥因所在地赵县古称赵州而得名，当地百姓称它为大石桥，宋哲宗给它赐名安济桥。由隋朝李春设计建造。赵州桥的中间没有桥墩，而是采用了跨度长达37米的单拱。为了减轻重量，大拱上又做了4个小拱。

知道不知道 古代就有"立交桥"

桥也能拐弯？当然能！绍兴八字桥地处三条河的交汇处，为了既方便通行又不拆附近人家的房子，就修成了带拐弯的桥。虽然这座桥始建于宋代，但很像现代的立交桥呢。

◀ 八字桥位于浙江省绍兴市，被称为中国古代立交桥。附近房屋稠密，可供修桥的空间有限，所以采用主桥和辅桥相结合的方式。

知道不知道　不在洛阳的洛阳桥

不在洛阳的桥干吗要叫洛阳桥？据记载，闽南人的先民因为战乱从河南迁到福建泉州等地，因为总惦记家乡繁华的洛阳，就把一条江取名为洛阳江，在上面修的桥自然叫洛阳桥。

桥面：涨潮的时候放在船上搭于两桥墩之间，落潮时船随着水面下降，石板自然就架好了

桥墩：筏形基础能很好地分流、减缓潮水的冲击

牡蛎能像胶水一样把横竖叠放的石条"粘"在一起

一边是江，一边是海，江海相接处好汹涌，怎么修桥啊？

桥基一定要牢固！

海潮可以帮咱们运东西。

这个小宝贝可以帮忙！

牡蛎

▲ 洛阳桥又名万安桥，位于福建省泉州市，建于宋代。泉州是海上丝绸之路的起点，为了更好地运输货物，人们就修了这座中国最早的跨海大桥。

知道不知道　魔幻立交桥

车辆越来越多，平面的马路已经无法承载交通压力。地面放不下，人们就想办法让马路变立体，发明了立交桥。立交桥上多个方向都能通行，减少了堵车的概率。

成都市航天立交桥

深圳市创业立交桥

▲ 立交桥分很多种，图为苜（mù）蓿（xu）叶式立交桥。但这种立交桥不够完美，会出现驶入主路的车和即将左转的车抢道的情况。

给大山凿个洞

石窟是随着佛教从印度传入中国的。最初是仿照印度的风格,随着时代发展,石窟日渐本土化,也让**莫高窟、云冈石窟、龙门石窟**以及**麦积山石窟**成为中国石窟界的代表。

问题来了 为什么建石窟?

印度湿热多雨,让人心情烦躁,所以印度人常去冬暖夏凉的天然岩洞里修行,或者干脆自己在大山中凿个石窟。传入中国之后,除了僧人,渐渐地普通人也来开凿石窟。

莫高窟位于甘肃敦煌,始建于十六国前秦时期

云冈石窟位于山西大同,始建于北魏时期

麦积山石窟位于甘肃天水,始建于十六国后秦时期

龙门石窟位于河南洛阳,北魏时期开凿

◀ 石窟兴起于魏晋时期,在隋唐时期达到鼎盛。石窟主要供僧人修行,也有信徒修筑佛像来祭拜,还有人出资为自己或家族修功德、祈福。

问题来了　开凿石窟分几步

首先要选个干燥少雨的地方建石窟。接下来，专业团队登场——石匠凿石窟，泥匠、木匠造像搭梯，彩塑匠上色，画匠画画。即使大家通力合作，也要好久才能完成一窟。

1. 选址：选择干燥少雨的地方。
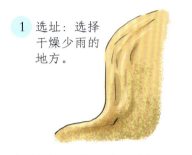

2. 召集：供养人出资，召集工人。

3. 打窟：打窟人在崖壁上凿岩镂窟。

4. 木骨泥塑：先用木头搭出骨架，再在骨架上捆扎芦苇，再用泥塑成型，最后上色。

5. 彩绘：彩塑匠人进行彩绘；画匠在洞窟里画壁画。

科普一下可好　大足石刻为啥不叫"石窟"？

要论规模和艺术造诣，重庆大足石刻一点也不输别的石窟。但因为一直叫"石刻"，让人误以为它不是石窟。至于为什么不改称"石窟"，专家们到现在还没有统一的意见。

咱们就是石窟，为啥叫石刻？

叫石刻不准确还降低文化档次。

咱们都快被石窟界边缘化了。

为了未来更好发展，必须改名！

石窟虽然听起来更专业，但大足石刻大家叫习惯了。

别改了，大家知道怎么回事就行了。

咱们独一无二，没必要跟风改名。

改了名字，人们不认怎么办。

正方：大足石刻要改名！　　反方：大足石刻不需要改名！

挖出来的运河

运河,是人工开凿的通航河道,**古人开凿了很多运河。** 等一下,我们国家又不是没有河,为什么还要自己费劲挖河啊?

知道不知道 给大河之间挖条道

在古代,人们想要大规模运东西,走水路最快。但问题是,天然河流大多是东西走向,而运输却不分东西南北。为了打通运输通道,古人想出一个办法,挖运河把天然河道连通!

▶ 为了壮大国力,公元前360年,战国诸侯中的魏惠王开始挖掘鸿沟。历经两次大规模开凿,各路水网互相连通,赫赫有名的"鸿沟水系"打造完成。

我可不是一条小水沟那么简单。

芍陂(què bēi):春秋时期楚国孙叔敖主持修筑。通过开凿水渠,把河水引到低洼地区形成湖泊,为粮食生产提供水源保障

知道不知道 黄金水道大运河

这条运河不一般,它的开凿和使用历经好几个朝代,大半部中国的历史都有它的身影,它就是——世界上里程最长、工程最大的古代运河,中国古代的"人工大动脉"——京杭大运河。

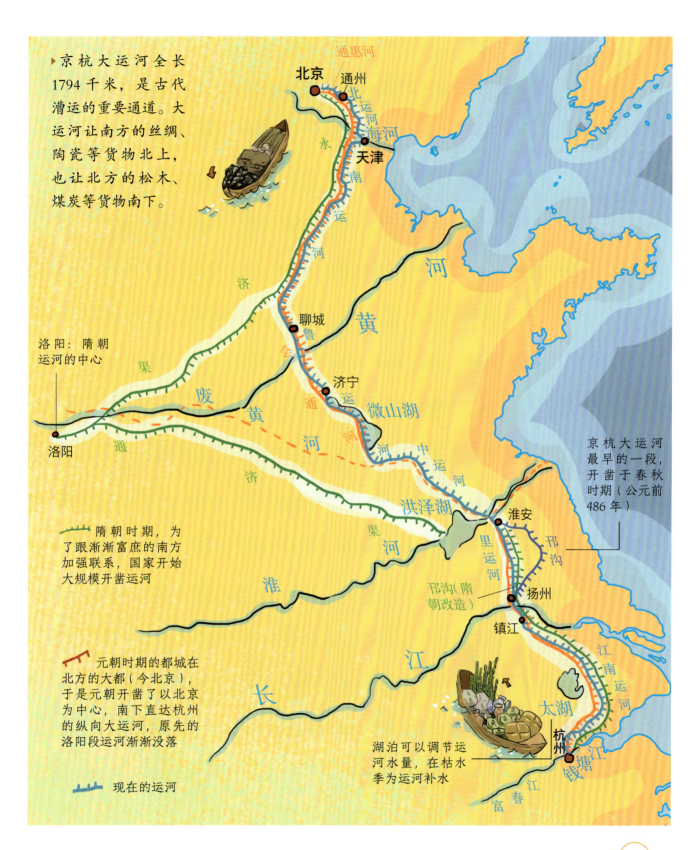

温柔的水也是一把刀

古人觉得"水利万物而不争",水是温柔的。这句话要是被大自然知道了,估计要气哭。水哪里温柔,哪里不争不抢了?它分明是一把刀!一会儿割条沟子,一会儿抹平大地……

知道不知道 切割出峡谷

谁说水流温柔?峡谷第一个不答应。世界上绝大多数峡谷,都是水流"切"出来的。水可不管大地是不是在抬升,它带着泥沙不停地磨损、侵蚀底部岩石,日久就成了峡谷。

▲黑龙江流经大兴安岭地区时,冲刷出独特的江湾。如果大兴安岭地区继续抬升,而黑龙江继续下切,这里未来或许会形成新的峡谷。

知道不知道 冲刷出平原

中国地势西高东低，大江大河携带泥沙，从上游奔流而下，累了、倦了、带不动了，就把泥沙堆在下游。经过漫长的岁月沉淀后，形成了冲积平原。

▲ 有"塞上江南"之称的宁夏平原就是黄河冲积而成的。

知道不知道 无孔不入的地下河

水流并不总是在地表流淌，有时也会"潜伏"地下。在岩石可以被水溶解的喀斯特地区，或者只要有水就会往下渗的沙漠地区，水流经常在地下聚集，成为地下河。

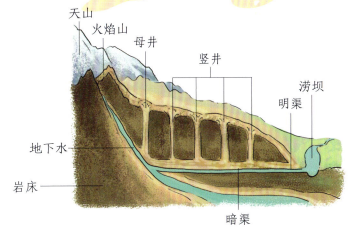

▲ 坎儿井是新疆吐鲁番盆地地区，人们利用地面坡度修建的人工地下河。在干旱地区，以这种方式将地下水引出，既减少了工程量，又减少了水分蒸发。

知道不知道 有时也会发脾气

水虽然大部分时间都在滋养大地，但有时候也会耍耍小脾气。可它这一发脾气，城市被淹没、农田被摧毁，百姓就遭殃了。所以，从古至今，人们都在想方设法治理水患。

一个地方的AB面

有一些东西,让人们感觉不会同时出现,比如**高寒雪山**和**繁华都市**、**万亩良田**和**茫茫沙漠**。但大自然偏偏就这么任性,硬是把截然不同的两种景观凑到一起去。

知道不知道　一个湖居然有两种颜色

西台吉乃尔湖与东台吉乃尔湖曾经是一个湖,因为极端干旱才分裂成了两个湖。它俩合起来有个别名:双色湖。瞧瞧,本是同根生,颜色却不同。

▸西台吉乃尔湖位于青海省。西边的湖因为有淡水补给,所以显得清澈湛蓝;东边的湖缺乏淡水补给,含盐量高,所以呈现黄绿色。

知道不知道　宁武冰火两重天

一个地方有火山很正常,有冰洞也很正常,但既有火山又有冰洞,真的可以吗?在山西的宁武县,冰洞就是要和"火山"做邻居。人们逛完冰洞还能出来烤火,亲身体验冰火两重天。

▸宁武县的冰洞形成于300万年前的冰河世纪时期。它旁边的"火山"并非真实的火山,而是山中的煤在某些地方露出地面,与空气接触后发生自燃的现象。

知道不知道 沙漠？绿洲！

毛乌素沙地曾经也跟别的沙漠一样，荒凉又苍茫，但在人们的努力下，毛乌素沙地上不仅有了大片绿树，还遍布农田。也许再过几年，毛乌素沙地将彻底消失。

▲ 毛乌素沙地位于陕西榆林市和内蒙古自治区鄂尔多斯市交界地带，它并不是天然沙漠，而是被人为破坏而形成的。从20世纪50年代起，人们开始改造沙漠，经过努力，毛乌素沙地即将变回绿洲。

知道不知道

喧嚣的城市里望雪山

雪山和都市怎么配，来成都就知道了。成都虽然位于四川盆地，但大名鼎鼎的横断山脉就在它西边，想看雪山那还不是小菜一碟嘛。

"蜀山之后"四姑娘山，幺妹峰海拔6250米

"蜀山王子"大雪塘，海拔5364米

"蜀山之王"贡嘎山，海拔7556米

成都市区

飞流直下三千尺

瀑布，谁都认识，**不就是水流从断层跌下来了嘛。** 好看是挺好看的，但有啥知识含量吗？好吧，那咱们就来看看，作为美景的瀑布真的是空有颜值吗？

问题来了　哪儿能找到瀑布？

有瀑布的地方首先得有水，哪怕没有大江大河，也得有条小溪流。其次要有落差，比如高山、深谷。实在没有落差，水流自己也能侵蚀较软的岩层，把落差"啃"出来。

▲ 两种岩层软硬不同、冰川侵蚀、构造抬升、火山作用是瀑布形成的主要因素。

问题来了 瀑布会流完吗？

只要上游不断水，瀑布就不会流完。不过瀑布一直在侵蚀上游岩层，使得上游岩层碎裂，跌入下游。瀑布"后退"，下游抬高，落差减小。没有落差的时候，这条瀑布就会消失。

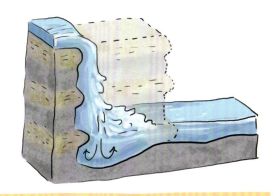

▲虽然有些瀑布会消失，但地球还在不停地发生地质运动，所以一直会有新的瀑布出现。

知道不知道
瀑布的美妙"周边"

除了本身美，瀑布还有很多有意思的"周边产品"。比如平时难得一见的彩虹，瀑布这种水汽足的地方可以看个够。很多瀑布背后还有水帘洞，不知去了能不能当美猴王。

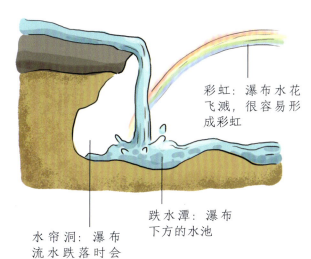

彩虹：瀑布水花飞溅，很容易形成彩虹

跌水潭：瀑布下方的水池

水帘洞：瀑布流水跌落时会侵蚀后方岩体，形成"水帘洞"

知道不知道
黄果树瀑布大"家族"

黄果树瀑布既高又宽，许多人慕名而来。但是，来了以后人们发现，这里的瀑布可不止一个，在黄果树周围，还有大大小小10多个瀑布，堪称一个庞大的瀑布"家族"。

▶黄果树瀑布位于贵州省安顺市。

知道不知道　个性不同的瀑布

瀑布很多，但"个性"并不相同。有的位于高原上，有时流水有时流冰；有的是独来独往的"孤胆英雄"，方圆百里就它一个；有的却喜欢聚在一起凑热闹。

名称：大别山瀑布群
属性：瀑布群
技能：在地形起伏巨大的山间创造大型奇观。

名称：赤水大瀑布
属性：单体瀑布
技能：在大江大河上震慑四方。

名称：海螺沟冰川大瀑布
属性：冰川瀑布
技能：别人流水，我流冰。

名称：黄平间歇瀑布
属性：喀斯特地区间歇瀑布
技能：水流规律性地时大时小，时涌时断。

知道不知道　来，望它！

读了李白的《望庐山瀑布》，你会不会觉得庐山只有一个瀑布？其实这里的瀑布可多了。既有让李白为它痴为它狂为它写诗的秀峰马尾瀑，也有"三合一"型的三叠泉瀑布。

三叠泉

"飞流直下三千尺，疑是银河落九天。"

宋代樵夫："咦，你不是被我发现的吗？怎么可能跑到唐诗中？"

马尾瀑

"对呀，我写的明明是秀峰马尾瀑。"

▶ 庐山位于江西省九江市，历史悠久。瀑布是匡庐奇景的代表。庐山瀑布是一个有22处瀑布的瀑布群，石门涧瀑布是其中最早载入史册的。三叠泉瀑布是最晚被发现的，却最为著名。

知道不知道 九寨沟瀑布

九寨沟瀑布群位于四川的崇山峻岭中，这里有中国最宽的瀑布——诺日朗瀑布，还有下落过程中多次遇到石头和树木，所以分叉好几次的树正瀑布。

◀九寨沟位于四川省阿坝藏族羌族自治州。图为九寨沟诺日朗瀑布。

知道不知道 黄河在咆哮！

作为黄河上的瀑布，壶口瀑布不仅黄，还很"凶"。因为河道突然变得很窄，所以黄河水争先恐后从小口里奔涌出来，让人感觉黄河真的在咆哮。

▼壶口瀑布位于山西和陕西交界处，为山西省临汾市与陕西省延安市共有。

▲瀑布中间的水量大，侵蚀力更强，所以很多瀑布都是中间凹、两边凸的马蹄形。图为位于贵州省南部的荔波小七孔瀑布。

这些山水甲天下

这些山水美景，无论从哪个角度看，**都是常年"霸榜"的存在。**没错，名字你都听说过，但是，如果你还知道它们为什么这么美，那就更牛了。

知道不知道 桂林山水甲天下

就凭"桂林山水甲天下"这句话，足以证明桂林绝对是拥有中国最美景色的城市之一。桂林的美总结一下就三个字：喀斯特。当漓江水遇到可溶性岩石，水为刀，山为布，美景自然来。

▲ 明朝旅行家徐霞客虽然没说过"桂林山水甲天下"，也不懂什么是可溶性岩石，却推理出桂林山水的成因："盖江流击山，山削成壁，流回沙转，云根迸出，或错立波心，或飞嵌水面……"

问题来了　张家界，到底算哪种地貌？

张家界到底是丹霞还是喀斯特地貌？说是丹霞，它没有红色砂砾；看着像喀斯特，但岩石不是熔岩，而是石英砂岩。最后人们决定，这片美景独一无二，只能叫张家界地貌！

◀ 张家界位于湖南省张家界市。石英砂岩在水蚀、风蚀以及重力崩塌等力的作用下，形成众多高大石柱林。国际地貌学会将这种地貌命名为"张家界地貌"。

知道不知道　集万千宠爱于一身

大自然也会偏心。你看，许多地方虽然有美景，但大多只有一种景观。九寨沟可不一样。大自然把有高原喀斯特地貌的群湖飞瀑、雪山配森林的独特组合，全都给了九寨沟。

九寨沟的湖泊又叫海子，海子主要依靠冰雪融水补给，终年澄澈

"瀑布王国"里的瀑布到底有多少？中国最宽的瀑布就在这里

九寨沟拥有大片高原原始森林，随着季节的变化呈现不同色彩

因地处青藏高原向四川盆地的过渡地带，高海拔的山峰上白雪皑皑

▲ 九寨沟位于四川省北部岷山山脉南段的阿坝藏族羌族自治州九寨沟县漳扎镇境内，因为有九个藏族村寨分布在这里，所以得名。

地处藏区向汉区、牧区向农区的过渡地带，具有独特的藏族风情

冰川中的微小气泡，使得光线里波长较短的蓝色光被散射，呈现蓝色

问题来了 稻城亚丁在西藏还是云南？

都不在！稻城亚丁其实在四川。作为中国保存最完整、最原始的高山自然生态系统之一，稻城亚丁用实力告诉你，如果人间真的有仙境，那它应该就是这个样子的。

◀ 数百万年前，稻城亚丁所在的地区地质活动剧烈，发生了强烈的抬升和断裂，形成高原峡谷地貌，让雪山、峡谷、森林和草甸在一地共生共存。

知道不知道

天山也有个天池

天山天池是远古时期的冰川泥石流堵塞河道形成的高山堰塞湖。因为曾经是河道，所以格外曲折幽深。除了看湖，很多人还身背登山装备，攀登博格达峰。

▶ 2013年，新疆天山天池风景名胜区被联合国教科文组织列入《世界遗产名录》。

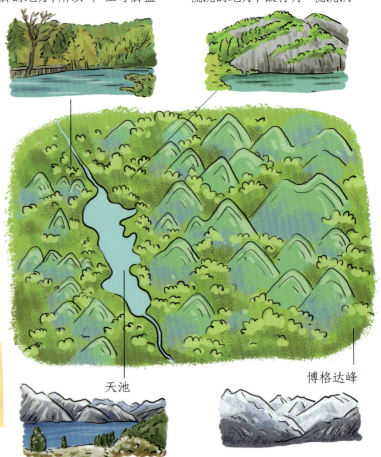

西小天池：传说是西王母洗脚的地方，所以叫"王母脚盆"

东小天池：传说是西王母沐浴梳洗的地方，故称为"梳洗涧"

天池

博格达峰

知道不知道　青藏高原上的"异类"

青藏高原太高了，印度洋的暖湿气流根本上不去，等等，有一个地方除外。雅鲁藏布大峡谷开了个通道，暖湿气流从这里北上，让它的所在地——林芝成了青藏高原其他小伙伴羡慕的对象。

▲ 林芝地区多美景。桃花沟的桃花是欣赏高原桃花的好去处，墨脱则拥有"藏布奇观"大拐弯瀑布、拉格瀑布等众多高原飞瀑。

知道不知道　"高冷"黄龙

黄龙既是中国唯一保存完好的高原湿地，又是罕见的冰川与喀斯特地貌并存的地方。不过，黄龙表面"高冷"，其实是个"仿妆达人"，把坚硬的钙华"打造"成了各种自然景观。

钙华池　　钙华瀑布　　钙华滩流

▲ 黄龙位于四川省阿坝藏族羌族自治州松潘县，拥有众多钙华景观。钙华是溶岩水露出或接近地表时形成的化学沉淀物，在喀斯特地貌地区容易生成。

怪石林立

有些石头的"石"生经历真的很复杂。千万年来，**要么被流水"切"，要么被大风"啃"**，还有的石头原本是地底下的岩浆，**被喷出来之后又遭遇风吹雨打**，变成了怪异的模样。

知道不知道

石头的森林

在喀斯特地貌地区，没有石头能逃开水的"魔掌"。位于昆明的石林石头多得像森林，除了剑状、柱状、塔状和蘑菇状石林外，还有许多生物界的cosplay（角色扮演）。

那块石头像云南阿诗玛！

那块石头好像大象！

哇！好像啊！

太神奇了！

哼，大惊小怪的人类。

被水侵蚀出的溶沟

▲ 石林的形成过程

知道不知道　就是要搏出位

在多山的福建，要想拥有姓名，不努力可不行。作为一座岩浆变成的山，紫霄岩的每一块石头都在努力地摆出有个性的造型，凭实力入选"莆田二十四景"。

▲ 岩浆岩是由高温的岩浆喷出地表或侵入地壳后，冷却凝固形成的岩石。位于福建省莆田市的紫霄岩就是由这种岩石组成的。

知道不知道　魔鬼城里没魔鬼

这个名字只是为了引起你的兴趣，里面并没有魔鬼。不过，这里的风特别大。呼啸的狂风将这里的石头塑造成各种造型，而造型各异的石头让风声也变了调，更像魔鬼的哭嚎。

▲ 乌尔禾风城是著名的"魔鬼城"之一，位于新疆准噶尔盆地的乌尔禾区。这里极度干燥，风力很大，山丘被风沙吹成了各种"造型"，是典型的雅丹地貌。

洞穴探秘

世间的美景并不都在地球表面,有时也会藏在地下。尤其是溶洞,**小小的洞口里可能藏着上千米长的"异世界"**。难怪很多人不爱山川江河,就爱钻进这些溶洞里探险。

问题来了 异世界的通道?

黑暗幽深的洞穴很神秘,会不会藏着恶龙?大自然里确实有很多深洞,不过既不神秘也不邪恶。它们其实是水流用上万年甚至上亿年的时间,不停地溶解岩石形成的。

溶洞形成过程

1 岩石中存在裂缝。

2 地下水将可溶性基岩溶解。

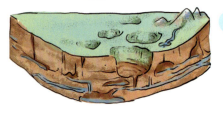

3 年复一年,洞道空间不断增大,到无法承受顶部重量的时候,产生坍塌。

溶洞里的"居民"

蝙蝠:喜欢生活在溶洞等黑暗的地方

洞螈:一直生活在溶洞中

溶洞盲鱼:一直生活在溶洞中

蛙:偶尔会到溶洞中生活

蛇:偶尔会到溶洞中生活

问题来了 去哪儿看溶洞?

溶洞好看的都在里头,洞口可能平平无奇。怎样才能发现溶洞呢?简单,跟着喀斯特地貌走就行。喀斯特地貌里的水都是无情的挖洞工具,能把可溶性岩石挖成大溶洞。

知道不知道 "逆生长"的钟乳石

看看你身高尺上的记录，都是从下往上画的。但钟乳石偏偏不走寻常路，是倒挂在溶洞顶端，从上往下长的。不过它长高的速度实在太慢了，100年也长不了1厘米。

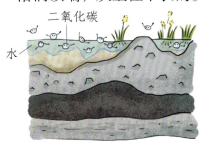

1 地表水吸收了二氧化碳后，向地下渗透。

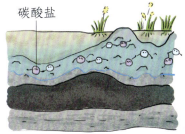

2 向地下渗透的时候，带有二氧化碳的水溶解了地下的可溶性岩石，水中携带了碳酸盐。

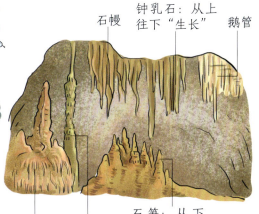

3 有碳酸盐的水从溶洞顶端向下滴落。

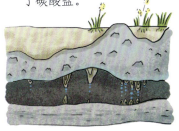

4 越来越多的碳酸盐被水带下来，最终形成了钟乳石。

◂ 钟乳石因为生长速度缓慢，保存了许多数万年甚至数十万年前的地质和环境信息。科学家通过研究钟乳石来了解地球的环境变化。

科普一下可好 洞穴之最

腾龙洞位于湖北省恩施州利川市，是中国已探明的最大溶洞

双河溶洞位于贵州省遵义市绥阳县，是中国最长溶洞，2019年最新探测长度为257.4千米

织金洞位于贵州省毕节市织金县，是中国洞厅最宽阔的溶洞，洞内喀斯特地貌发育完善而齐备

黄龙洞位于湖南省张家界市，因为溶洞内空间庞大、溶洞景观丰富，被誉为"世界溶洞全能冠军"

不一般的台阶

南方的丘陵多,那又如何,反正不能阻挡咱们种粮食!把差不多高的山坡修整平,一层一层,**做成梯田,不仅看着壮观,还实用,**能让生活在丘陵地区的人吃饱饭。

知道不知道 大地的调色盘

一片一片色块,像油画家手中的调色盘。不过不用急着赞美大自然,因为这样的美景,全都是人类的杰作。这样壮观的梯田在中国并不少见,耕地中超过1/4的土地都是梯田。

◀ 哈尼梯田位于云南南部的红河哈尼族彝族自治州。哈尼族是云南境内的一个古老民族,他们在明代就修造了梯田。

① 修建田埂。

② 挖台地:在山坡上横向挖出一道道坎状的台地,自上而下,把上一级台地的土搬运到下一级,如此连续往下搬运出台地的空间。

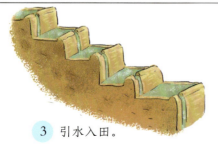

③ 引水入田。

④ 种稻谷。

▲ 开垦梯田的步骤

问题来了　梯田的好处都有啥？

梯田能保证生活在丘陵山区的人们有饭吃。梯田可以储存雨水，防止水土流失。通过合理规划，梯田把整座山的耕作和灌溉联系在一起，让耕种变得更方便。

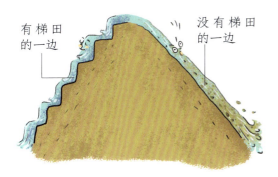

▲ 流水经过一级一级的梯田，水流速度会变慢，不容易带走泥沙，所以能保持水土，减少水土流失。

▶ 山顶的森林为山腰的村寨和村寨下方的梯田提供水源。流水最终汇入低地的河流。蒸腾作用又将水分搬运回森林。村寨和梯田相互供养。至此，"森林－村寨－梯田－水系"形成了一个完美的循环。

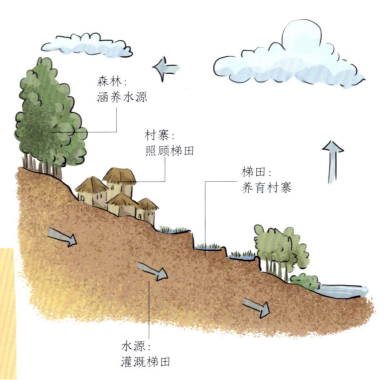

森林：涵养水源
村寨：照顾梯田
梯田：养育村寨
水源：灌溉梯田

科普一下可好　梯田的水从哪里来

人工蓄水：老百姓会采用挖池塘、建水渠等办法调节水量，水多时存起来，水少时放出去

天然降水：梯田往往修在山脉的迎风坡，暖湿气流因为山坡阻挡被迫升高。上面温度低，气流液化成水滴，形成降雨

地下水补给：山顶的森林将地下水牢牢地抓在自己的根部。利用连通器原理，只要山顶还有地下水，在半山腰的梯田就能有水

▶ 梯田是天（天上降水）、地（地下水补给）、人（人工蓄水）的完美结合。

是幻觉还是仙境?

这世界上虽然没有仙境,但有一些景色看着一点儿也不像人间该有的样子。**哪怕你了解了它们的"奥秘",也不一定能一睹风采**,因为它们都是可遇而不可求的景致。

知道不知道　非冰非雪,树上开花

雾凇非冰非雪,是难得一见的奇观。有多难呢?首先温度要低,其次水分要足,满足这两个条件的地方少之又少。而且看雾凇还不能睡懒觉,因为太阳一出来它就没了。

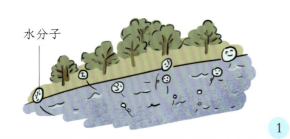

▲ 中国是世界上最早记载雾凇的国家。雾凇俗称树挂,冬季,严寒地区潮湿空气中的水汽凝华(从气态直接变成固态),挂在树枝等物体上形成的冰晶沉积物,就是雾凇。吉林雾凇是雾凇景观的代表。

知道不知道　万华镜旋之空

声明一下,本现象为自然天文景观,没加特效。这是寒冷季节,天空中的冰晶折射与反射光线,在大气中形成的大气光学现象。这种奇观还有个特别酷炫的名字,叫"万华镜旋之空"。

知道不知道 可遇不可求的海市蜃楼

海面或沙漠上空,偶尔会出现幻境,古人觉得是叫作"蜃"的妖魔作祟,现代人都知道,这是由于光折射和全反射而形成的自然现象,一点也不神秘,顶多有点壮观。

▲ 海市蜃楼的形成条件

知道不知道

先别急着拜

峨眉山上现佛光,是神仙显灵了吗?不,是大自然"显灵"了。峨眉山云雾弥漫,太阳光斜照在水汽中发生复杂的反射、折射和衍射,才成就"佛光"盛景,一般人可看不到。

▶ 所谓"佛光"其实是太阳光经过一系列光学变化后形成的彩虹,中间的黑影当然是观察者自己的影子啦。

秘境探险

有些景色隐藏在深山老林里与世隔绝, 努力让自己低调,无奈江湖上关于它们的传言层出不穷,还大有愈演愈烈之势。看来,这些自带神秘属性的地方想低调,太难了。

问题来了　看湖,看……水怪?

相传喀纳斯湖里有水怪,能把湖边喝水的马拖进水里。人们来了之后却发现,有没有水怪已经不重要了,静静地欣赏眼前的美景才是正经事。

▲ 据专家分析,喀纳斯"水怪"很有可能是哲罗鲑。

▼喀纳斯湖位于新疆阿勒泰地区布尔津县北部,主要依靠降水和雪山融水补给,不同的补给水源、不同天气和季节的光线等原因会改变湖面的颜色。

5月的湖水,冰雪消融,湖水幽暗,呈青灰色

到了6月,湖水随周山的植物泛绿,呈浅绿或碧蓝色

7月,丰水期来临,上游的白色湖水涌入,使湖水变成微带蓝绿的乳白色

8月,受降雨影响,湖水呈现墨绿色

秋天,降雨减少,湖水呈一池翡翠色

知道不知道 死亡地带，禁入！

那棱格勒峡谷听起来很陌生，但在探险界，它可是凶名在外。传说进了那里的生命大多一去不复返，还有人在雨后看到动物尸体，因此那棱格勒峡谷就被称为"死亡地带"。

▲ 那棱格勒峡谷位于青海省海西蒙古族藏族自治州，被昆仑山脉和祁曼塔格山合围，可能存在强磁场区域。

知道不知道 三江并流

江河大多都很"霸道"，恨不得方圆五百里都是自己的流域。可横断山脉山高谷深，抢地盘？不可能！赫赫有名的金沙江、澜沧江和怒江也只好一江一条道，三江并流而不交汇。

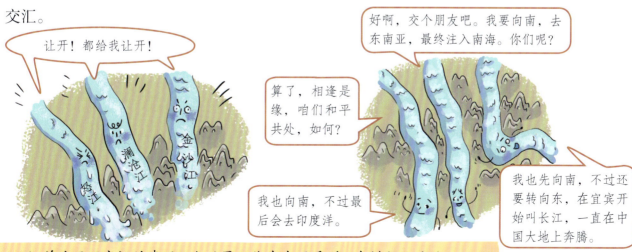

▲ 三江并流而不交汇的奇观，全世界只能在中国看到。在横断山脉的阻隔下，三条江只能沿着自己的轨迹前进。2003年，三江并流被列入《世界遗产名录》。

长成这样，算侵权吗？

这是眼睛？不，是泉水。这是大象？不，是座山。大自然啊，你在塑造地表时，难道这么考验我们的智商吗？**就想问一句，长成这样，算侵权吗？**

知道不知道 恶魔之眼

别被艾肯泉的凶恶外表吓到，它其实只是一汪普普通通的泉水。因为水里硫含量高，经过长期蒸发，染红了周围的土壤，腐蚀了植被，所以看起来很"邪恶"，被人称为"恶魔之眼"。

1 艾肯泉周围的植物很多都枯萎了。

2 等了好长时间，终于有只小土狗来了。艾肯泉刚兴奋地想跟小狗打招呼……

3 小狗跟见着鬼似的一溜烟跑了。

4 因为我啊，我让泉水变得无法下咽，还腐蚀你周围的土地，让植物无法生长。

▲艾肯泉位于青海省海西蒙古族藏族自治州。专家推测，虽然地表干旱，但艾肯泉的地下有含水层。频繁的地质活动使含水层发生倾斜，泉水涌出地面，形成了艾肯泉。

知道不知道 水挖出的象鼻山

象鼻山是桂林山水的象征。它跟桂林其他美景一样，同属喀斯特地貌。既然是喀斯特地貌，那就说明它是流水的杰作。没错，就连象鼻和象腿中间的水月洞，也是流水"挖"成的。

▶漓江水不断侵蚀岩体，穿洞而过。后来地壳抬升，漓江水的侵蚀加深，就形成了如今的水月洞。

知道不知道 无人区的葫芦盐湖

湖泊有圆的、长的，凭啥不能是葫芦形的？龙木错因为位于西藏阿里地区，降水稀少，终年干燥，湖水缺少补给，湖面渐渐下降，就成了葫芦形状的盐湖。

我不光颜值高，身材好，肚子里还有矿。

◀ 龙木错所处的位置地壳活动强烈，地表容易形成断层，不仅容易出现沟谷及洼地，继而发展成湖泊，还把地下的镁、钾、锂等矿物质带进湖里。

知道不知道 给你比心

看，大自然在给你比心！深圳大澳湾上的小岛好像两个连在一起的心形。小岛虽然离陆地还有一段距离，但风和浪带过来红树等潮间带植物的种子，让小岛变得生机勃勃。

我们不仅浪漫，还是很多生物的家园。

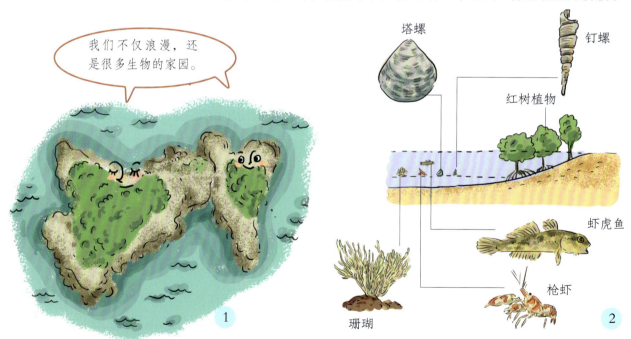

▲ 海浪涨潮淹没、退潮露出的区域叫潮间带。位于广东省深圳市的心形岛的海滩拥有保存较为完好的潮间带生态系统。

大自然的毁灭与创造

板块碰撞时，有可能爆发很激烈的地质活动，比如地震、火山喷发。在人们的印象里，这些都是很严重的灾害，可对大地而言，**火山、地震不光带来毁灭，还会创造惊喜。**

知道不知道　地震来袭

地震了！板块之间互相挤压碰撞，地表承受不住，急剧晃动，造成地震。地震不仅摧毁房屋、道路，还会使山体滑坡，江河决堤，引发海啸……哦，不，太恐怖了！

▼ 两个板块沿断层带滑动，形成地震。

▼ 地震的次生灾害

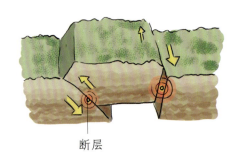

断层

震中　地震波

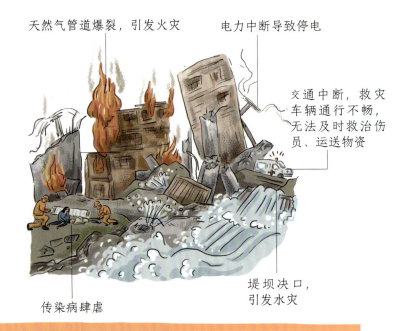

天然气管道爆裂，引发火灾
电力中断导致停电
交通中断，救灾车辆通行不畅，无法及时救治伤员、运送物资
堤坝决口，引发水灾
传染病肆虐

科普一下可好　地震，改变地表

虽然人们不喜欢地震，但大自然可不管，它还要通过地震来改变地表形态呢，一成不变多没意思。这里挤个山，那里拉个盆地，让美景换种美法，都是地震的杰作。

问题来了

火山喷发，是毁灭？

滚烫的岩浆、黑烟漫天，这不是魔界入口，而是火山喷发。除了岩浆所到之处片甲不留外，火山灰也会想尽办法，让人类跟周围环境都不好过。

知道不知道

火山喷发也是创造

火山爆发虽然恐怖，但平静下来的火山也是重塑大地的"艺术家"。肥沃的土地，赏心悦目的美景，舒舒服服的温泉……天呀，这还是当初那个面目狰狞的火山吗？

▼ 大部分火山出现在板块的交界处。当两个板块互相碰撞时，强大的压力会使地底部分岩浆上升到地面，导致火山爆发。

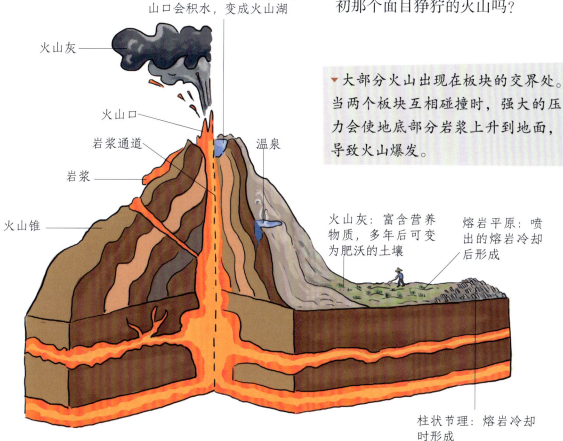

火山口湖：长期不喷发的火山口会积水，变成火山湖
火山灰
火山口
岩浆通道
岩浆
火山锥
温泉
火山灰：富含营养物质，多年后可变为肥沃的土壤
熔岩平原：喷出的熔岩冷却后形成
柱状节理：熔岩冷却时形成

知道不知道

美丽而凶险的堰塞湖

堰塞湖是地震、火山喷发等地质活动发生后，河道堵塞形成的湖。人们总觉得它是个定时炸弹，万一哪天堵不住，就会形成洪灾。不过有些堰塞湖质量过硬，一直存在。没有威胁，就成了美景。

我是圈里的代表作

世界的美景千千万，但能当上代表的可不多。比它们美的不一定有故事，有故事的却没它们美。它们名声在外，内涵也同样深厚，个个都是自己圈子里的门面担当。

人定胜天代表作——塞罕坝

今天的塞罕坝水草丰沛、森林茂密，但在以前这里却寸草不生、漫天黄沙。是许多不服输的人用 50 多年时间植树造林，跟荒漠作斗争，让塞罕坝重现生机。

山区：面积约占全园的 4/5，修有亭台楼阁和庙宇

平原区：皇族骑射、打猎的地方

宫殿区：避暑山庄的核心区域，皇帝处理朝政、举行庆典和生活的地方

湖区：有 9 片湖面相互连通

皇家园林代表作——避暑山庄

皇帝再尊贵，也没空调吹，所以清朝皇帝干脆找了个夏天凉快的好地方，修了避暑山庄。避暑山庄依山傍水，规模宏大，是集中国南北园林精华于一身的园林杰作。

1. 清朝，塞罕坝曾是皇家猎苑——木兰围场的一部分。

2. 战争时期，掠夺采伐和连年山火，让塞罕坝变成高原荒丘。

3. 20 世纪 60 年代初，塞罕坝人开始改造塞罕坝。

4. 越来越多的人参与其中，植被渐渐恢复。

谢谢你们帮我恢复了本来的模样。

5. 今天，塞罕坝成了水的源头、云的故乡、花的世界、林的海洋。

楼阁圈代表作——中华名楼

中国历史上有名的楼阁多了去了，但只要滕王阁、黄鹤楼、岳阳楼出马，其余楼阁就只有俯首称臣的份儿了。没办法，谁让它们是世人公认的名楼呢。

▼黄鹤楼位于湖北省武汉市，始建于三国时期吴黄武二年（公元223年），相传是孙权所建用于瞭望敌情的阁楼。

▲滕王阁位于江西省南昌市，唐永徽四年（653年），唐高祖李渊之子李元婴任洪州都督时所建。

▼岳阳楼位于湖南省岳阳市，始建于东汉建安二十年（公元215年），相传是东吴大将鲁肃阅兵的楼阁。

第六章
长长的一条线

有历史的丝绸路

古代中国有很多好东西,它们是怎么走向世界的呢?要感谢张骞开辟丝绸之路连通东西方。不过,丝绸之路可不止一条,陆上、海上都有,也都十分繁忙。

大秦:不是秦始皇建立的大秦王朝,而是指古代罗马帝国

大宛(中亚古国,今乌兹别克斯坦费尔干纳盆地,著名的汗血宝马的产地)

西域都护府(今轮台)

疏勒(喀什)

于阗(和田)

大食(阿拉伯帝国)

安息(位于今伊朗的古国)

忽鲁谟斯(阿巴斯港)

身毒(今印度次大陆)

坎巴夷(肯帕德)

佐法儿

阿丹(亚丁)

阿拉伯海

木骨都束(摩加迪沙)
卜剌哇(布腊瓦)
竹步(朱巴)
麻林地(马林迪)
慢八撒(蒙巴萨)

▲ 经丝绸之路运到中国的物品。

印 度 洋

知道不知道

最最有名的丝绸之路

从中国的西安到意大利,丝绸之路那么长,运的东西当然不止丝绸。除了日常货物,各种宗教、科学技术等思想和观念,也经这条路完成了东西方的交流。

知道不知道

海上也有丝绸之路

虽然也叫丝绸之路,但海上丝路的"主角"不是丝绸,而是瓷器。中国产的瓷器跟着大船乘风破浪,有的向东去了日本、朝鲜半岛,有的南下印度洋,在世界各地掀起瓷器热潮。

河西走廊，古代的经济特区

叫"河西"是因为它位于黄河以西，叫"走廊"是因为它被两条山脉夹着，像一条走廊。河西走廊地方不大，但汇集了中原、西域，甚至波斯商人，绝对是一条国际化大通道。

国际化都市圈

虽然同处西北，河西走廊有祁连山上的雪融水滋润，其他地方简直没法比。河西走廊是丝绸之路向西的必经要道，也是中原王朝"对外开放"的"自由贸易区"，还有河西四郡加持，国际化都市圈的名头可不是随便叫的。

▲ 唐朝，繁华的河西走廊还吸引了岑参、高适等一大批文人甘当"西漂"（在河西走廊漂泊）一族。

星星峡：河西走廊的最西端

张掖市的丹霞地貌造型丰富，面积广大，是丹霞地貌中的精品

河西走廊被称为"石窟艺术走廊"。图为张掖马蹄寺石窟

武威天梯山石窟

乌鞘岭：河西走廊最东端

东汉铜奔马，又名"马踏飞燕"，武威市雷台汉墓出土的东汉青铜器

汉武帝天团打造"经济特区"

汉朝初期，动不动就遭到占据河西走廊的匈奴骚扰。历代皇帝励精图治，到汉武帝时终于把这里打下来了！不但打下来，还设立了河西四郡，让河西走廊成为汉朝的"经济特区"。

▼ 自汉武帝攻下河西走廊后，西域诸国向西汉政府例行贡纳，表示臣服。汉宣帝时设立西域都护府，标志西域正式归属中央政权。

万里长城万里长？

长城可不是旅游景点这么简单，它是世界上修筑时间最长、工程量最大的古代防御工程。论时间，自春秋战国开始，已经有2000多年了。论长度，从东到西，比"万里"可长多了。

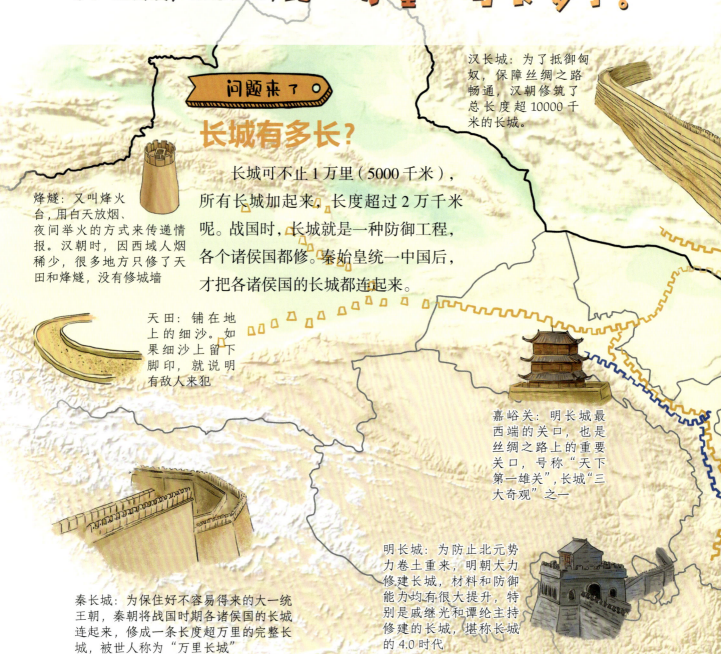

问题来了

长城有多长？

长城可不止1万里（5000千米），所有长城加起来，长度超过2万千米呢。战国时，长城就是一种防御工程，各个诸侯国都修。秦始皇统一中国后，才把各诸侯国的长城都连起来。

烽燧：又叫烽火台，用白天放烟、夜间举火的方式来传递情报。汉朝时，因西域人烟稀少，很多地方只修了天田和烽燧，没有修城墙

天田：铺在地上的细沙。如果细沙上留下脚印，就说明有敌人来犯

汉长城：为了抵御匈奴，保障丝绸之路畅通，汉朝修筑了总长度超10000千米的长城。

嘉峪关：明长城最西端的关口，也是丝绸之路上的重要关口，号称"天下第一雄关"，长城"三大奇观"之一

秦长城：为保住好不容易得来的大一统王朝，秦朝将战国时期各诸侯国的长城连起来，修成一条长度超万里的完整长城，被世人称为"万里长城"

明长城：为防止北元势力卷土重来，明朝大力修建长城，材料和防御能力均有很大提升，特别是戚继光和谭纶主持修建的长城，堪称长城的4.0时代

分隔南北的那条线

小实验：怎么区分南方和北方？

实验材料：准备一条叫秦岭的山脉和一条叫淮河的河流。

实验步骤：把秦岭和淮河连起来，横在中国版图的中间。

实验结论：北边就是北方，南边就是南方。

知道不知道 身兼数职的分界线

中国有很多重要的线，比如温带与亚热带分界线，800毫米等降水量线……可惜就是看不见。巧了，秦岭—淮河正好跟它们重合，让原本无形的线从此有了形状。

下面请秦岭、淮河上台做自我介绍。

淮河

秦岭

大家好。在开始之前，有想上厕所的同学可以先去上厕所，因为我们自我介绍的时间会比较长。

没关系的，请开始吧。

就是最冷月平均气温0℃分界线。我们还是800毫米等降水量线。

我们是南方与北方的分界线……

我们是常绿阔叶林和落叶阔叶林分界线，水田旱田分界线。

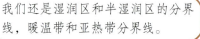

我们还是湿润区和半湿润区的分界线，暖温带和亚热带分界线。

说到农业方面了是吧？我们还是一年二至三熟与一年一熟的分界线。

河流结冰不结冰分界线，冬季集中供暖分界线——北方人在屋里吃冰棍，南方人在屋里取暖靠抖。

介绍完了吗？已经快放学了。

甘蔗榨糖和甜菜榨糖的分界线。

花生榨油和大豆榨油的分界线，还有……

问题来了　分隔南北的为什么是淮河？

因为800毫米年均等降水线大致沿着淮河分布。800毫米这个数字十分关键，它让淮河两岸出现肉眼可见的显著差别：北边多旱田，南边多水田。

▲ 1194年，黄河改道，河水借道淮河入海，史称"黄河夺淮"。

▲ 1855年，黄河又改道，重回北方，但长久以来的泥沙堵塞淮河，淮河彻底失去入海通道，持续了600多年的"黄河夺淮"事件也告一段落。

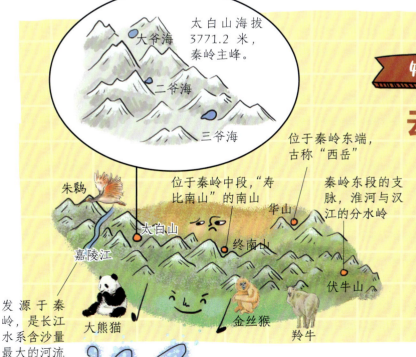

知道不知道

云横秦岭家常在

秦岭不只一座山，而是众多山峰组成的山脉。它不仅让长江与黄河"王不见王"，还霸道地挡住南边的水汽和北边的冷空气，让秦岭南、北的气候与环境像是两个不同的世界。

穿越中国的北纬30°线

北纬30°是一条神奇的线， 它串起了四大文明古国，世界几大河流也都是在这条线上入海。但独揽文化、自然奇景的它，也是地震、火山等灾难频发之地。

冈仁波齐：形似金字塔，且向阳面冰雪较多，背阴面反而冰雪较少

○ 冈仁波齐

珠穆朗玛峰：不止珠穆朗玛峰这个世界最高峰，整个喜马拉雅山脉几乎都位于北纬30°一带

○ 纳木错

雅鲁藏布大峡谷：世界第一大峡谷

○ 珠穆朗玛峰

林芝：西藏"小江南"　　林芝　雅鲁藏布大峡谷

出现了很多前面提到过的地方，你看到了吗？

知道不知道　奇景大串联

珠穆朗玛峰和神农架有什么共同之处？这两个地方八竿子打不着啊。告诉你，它们都位于北纬30°一带。这条线上盛产美景，很多旅游胜地、地理界的"冠军"，都被它串起。

知道不知道 — 被"偏爱"的长江流域

照理说,北纬30°一带是在副热带高压的控制之下的,应该多为干旱地带才对。长江流域却不是这样,在它上空,亚热带季风"打败"了副热带高压,让这里气候湿润,变成鱼米之乡。

知道不知道 — 历史丰厚的地带

什么地方最适合人类文明的发展呢?纬度太高不行,冷;纬度太低也不行,热。北纬30°线温度适宜,河流众多,最适合人类生活,怪不得这么多古代文明都诞生于这个纬度带。

三星堆:位于四川省广汉市,"20世纪人类最伟大的考古发现"之一,证明了长江流域与黄河流域一样,也是中华民族的发祥地

凌家滩遗址:位于安徽省马鞍山市,新石器时代聚落遗址,生产力发达,已经达到了初级的"城市"规划水平,是中华文明的重要起源地之一。2022年北京冬奥会奖牌背面的设计灵感就出自这里的出土文物。

腾龙洞:中国最大溶洞

双河溶洞:中国最长溶洞

钱塘江大潮被誉为"天下第一潮"

南水北调 = "难"水北调

中国最缺水的地方是哪？**不是干燥的西北，而是华北。**华北人口多，一平均，就没多少水了。能从南方"借"水过来吗？能是能，不过需要克服"亿"点点困难。

知道不知道　借一点点水

既然要调水，干脆就搞个大工程。南水北调设计了东、中、西三条调水线路。这三线加上长江、黄河、淮河和海河四条大河，构成"四横三纵"宏大布局。

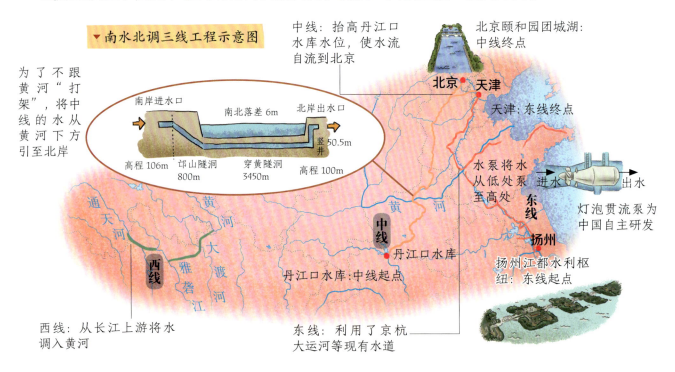

▼南水北调三线工程示意图

为了不跟黄河"打架"，将中线的水从黄河下方引至北岸

中线：抬高丹江口水库水位，使水流自流到北京

北京颐和园团城湖：中线终点

天津：东线终点

水泵将水从低处泵至高处

灯泡贯流泵为中国自主研发

丹江口水库：中线起点

扬州江都水利枢纽：东线起点

西线：从长江上游将水调入黄河

东线：利用了京杭大运河等现有水道

南岸进水口　南北落差6m　北岸出水口
高程106m　邙山隧洞800m　穿黄隧洞3450m　竖井50.5m　高程100m

困难1　水往高处流

南水北调全长4000多千米，跋山涉水不说，最困难的是，还要让水从海拔低的地方流到海拔高的地方。总结一下，想要南水北调，就要克服地心引力，让"水往高处流"。

水污染别跟来

说好了只调水，水污染可别跟过来。河流沿岸排污工厂该关的关，河段水源该治的治，确保只调水不调污。

1 沿岸造纸厂、化工厂不达标的一律关停。

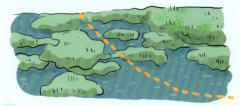

2 扩大湿地面积。

3 水道全程封闭。

困难 3　为了大家舍小家

中线只要把丹江口水库的水位抬高，水就能顺利向北方流，不用再抽水。但是，抬高水位意味着水库附近居民的家园会被淹没。为了大家，人们忍痛舍弃小家，移居别处。

▼ 水位抬高，文物也会被淹没。因此，科学家们制订了一系列方案，让文物最大限度地得以保存。

1 20世纪60年代，受技术所限，均州古城从此长眠于水中。

2 如今，遇真宫不能重蹈覆辙，被原地抬升5层楼的高度，完好地保存下来。

3 容易搬动的文物转移至博物馆。

4 还发现了新的文物。

在南水北调工程沿线的考古调查中，我们发现了许多新的文物。

227

港珠澳大桥有多长

港珠澳大桥连接香港、珠海和澳门,是世界最长的跨海大桥。修建港珠澳大桥,就一个字:难。但我们不仅修成了,还顺便创造了多项世界纪录,简直是桥梁界的"珠穆朗玛峰"。

知道不知道 搭积木搭起来

港珠澳大桥建设条件复杂,工程难度巨大。不过,再难也难不倒我们的工程师。他们针对不同的环境,把整座桥分成桥梁、人工岛、隧道三部分,然后再像搭积木一样把它们拼起来。

深水区非通航孔桥

江海直达船航道桥:可供船只通航

浅水区非通航孔桥:所有船只都不能从这里通行

九州航道桥:所有船只只能从航道桥通航孔航行

珠海

澳门

大桥两侧的水域:不能进行养殖捕捞

知道不知道

风吹雨打都不怕

既然要跨海,就做好了乘风破浪的准备。港珠澳大桥能抗8级地震、16级台风、30万吨撞击和300年一遇的洪潮。2018年16级台风"山竹"来袭时,港珠澳大桥轻松抵御。

知道不知道 — 不让"主人"受伤

珠江口是中华白海豚的栖息地,在这里建桥,总不能让这些"原住民"无家可归。所以大桥建造之初就用了各种方式保护它们,让中华白海豚继续在它们的家园快乐地生活。

最长的铁路叫京九

京九铁路是中国最长的铁路，它从北京一路向南，最终到达香港。修这么长的铁路，当然不只是为了能坐火车去香港旅游，还要带动沿线地区的发展。

▼京九铁路全长2553千米（含两条支线），从北京到南串联起华北、华中、华东和华南地区，为中国"三横五纵"干线铁路网中的"一纵"。

孙口黄河大桥：京九铁路上第二特大桥

淮河大桥：京九铁路上第三特大桥

知道不知道

此"九"非彼"九"

刚计划修建京九铁路时，是从北京修到江西九江。但很快我们就有了更大的梦想——继续向南，修到当时还没回归中国的香港，让九江的"九"变成香港九龙的"九"。

知道不知道

不走寻常路

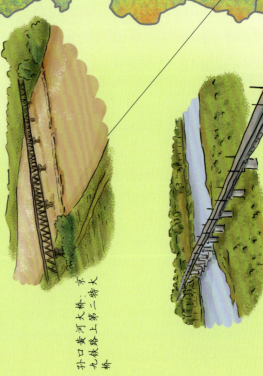

230

间直线最短。但京九线在有些地方没有走直线，而是拐了一个大弯，因为它还有个特殊使命：把沿途的革命老区和贫困地区串起来，帮助他们发展经济。

▲ 东风型内燃机车，运行速度为80千米/时。

▲ 和谐型电力机车，最高运行速度为120千米/时

▲ 复兴号电力机车，速度160千米/时

▲ 复兴号智能动车组，常态化运行速度为350千米/时

万安县与兴国县都是革命老区，京九铁路在赣南形成"S"型弯道，兼顾瑞金与井冈山两处红色圣地，利用铁路发展经济

雷公山隧道：京九铁路上第二长的山岭隧道

麻城：伏牛大别山的革命老区（县级市），因为京九铁路的开通，渐渐成了大别山区域的中心城市

九江长江大桥：双层双线铁路、公路两用桥，京九铁路上第一特大桥

快点，再快点

京九铁路刚开通时，普速列车速度最快才80千米/时，还没汽车快。为了提速，工程师们不断研发新铁路和新机车。如今，京九高铁的设计时速达到了350千米，一个字，快！

五指山隧道：京九铁路上最长的山岭隧道

那是一条神奇的天路

虽然从青海西宁到西藏拉萨距离不到2000千米，但要在青藏高原上修路可不容易，冻土、脆弱的环境……一路全是困难模式。要想闯关成功，不仅要有勇气，更要有智慧！

第一关 在冻土上动土

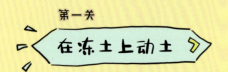

头等大难题就是冻土。冻土里有很多冰，天热冰化水，地面会塌陷；天冷水成冰，体积增大，地面膨胀得更是连钢筋都能挤弯。而青藏铁路一半路线都要在这样的土地上穿行！

我太难了！谁来拯救我？

天热时的冻土路面　　天冷时的冻土路面

热棒：我帮你把热量导走，你可别融化啊。

还是桥面听话。冻土，惹不起我还躲不起吗？

兄弟，我帮你挡住太阳，你可别融化啊。

遮阳板　　通风管　　冻土

自动温控风门，温度较高时，风门自动关闭，冻土不融化；温度较低时，风门自动打开，冻土不结冰

▲ 为了修建青藏铁路，科学家攻克了冻土防水隔热、浅埋冻土隧道进洞等很多世界性高原冻土施工难题，如今，青藏铁路堪称冻土工程的"博物馆"。

昆仑山隧道：世界最长的高原冻土隧道，全长1686米

清水河特大桥：世界最长的高原冻土铁路桥，全长11.7千米

动物通道：设置33处野生动物通道，让藏羚羊等野生动物自由通行

风火山隧道：世界海拔最高的冻土隧道，海拔4905米

唐古拉山车站：世界海拔最高的铁路车站，海拔5068米

保护湿地：保护高原草地湿地，人工营造湿地环境

草皮移植

羊八井　　拉萨　　那曲

保护植被：铲起的草皮不能随意废弃，要移植回高原表面

第二关 当心地震！

青藏高原地壳运动剧烈，万一地动山摇时，摇出雪崩和泥石流就糟了。青藏公路就曾多次因此修整。所以修铁路时，地震专家也来帮助分析地震走向，规划铁路路线。

第三关 碰不得的"脆皮"环境

青藏高原上的环境不但恶劣，还很脆弱，一旦破坏很难恢复。青藏铁路穿越了可可西里等自然保护区，可想而知工程师们在设计、建设、施工中有多么步步惊心。

冻土区：青藏铁路穿越多年连续冻土里程达550千米，是世界上穿越冻土里程最长的高原铁路

巴颜喀拉块体：当下阶段青藏高原地壳运动最为强烈的地区之一

地震带的铁路桥：在地震带修铁路，要在垂直于地震带的方向架小跨度的低桥，这样才更安全

鲜水河断裂带：活动尤为强烈的断裂带

龙门山断裂带

青海湖　西宁

要想富，先修路。西藏海拔高，跟邻居们都没有铁路相连，严重制约经济发展。为了让更多物资进藏，也让西藏产品有销路，再难也要修铁路。

既然这么难，为啥还要修？

这条国道上万米

中国版图像一只雄鸡，219国道从"鸡尾巴"延伸到"鸡爪"，全程贴着边境线。别看位置偏，它集齐了**从干旱到湿润、从高原到深谷**的所有美景，满足你对美的一切想象。

霍尔果斯：西部综合运量最大的国家一类陆路口岸

喀纳斯：新219国道起点

吉木乃：可以连通中、哈、俄、蒙四国的陆路口岸

天山山脉

塔克拉玛干沙漠

喀什：新疆西部的历史文化名城

叶城县：老219国道起点，海拔1357米。从这里开始，海拔猛增，一路上坡

昆仑山脉

麻扎达坂：海拔4950米。达坂，高山较为平缓低凹的地方。219国道在穿山时会从达坂通过

喀喇昆仑山

界山达坂：海拔5347米

红土达坂：海拔5378米

阿里无人区：平均海拔5000米

冈底斯山脉

喜马拉雅山脉

知道不知道

边境线上的公路

219国道位于中国西部，过去它只在新疆、西藏境内，是一条比较短的国道。后来交通部重新规划，把它的南、北两端都延长，变成了一条贯穿西北与西南的超长公路。

玛旁雍错：世界上海拔最高的淡水湖之一

拉孜县：老219国道终点，海拔4010米

珠穆朗玛峰：海拔8848.86米

羊卓雍错

墨脱公路：因气候恶劣、建造难度大，历时50多年建设才通车

知道不知道

美景集中地

你能想到的美景，沙漠戈壁、冰川峡谷、热带雨林……219国道全都能串起来。怪不得很多自驾游爱好者把它称作"此生必驾"的边境公路之一。

知道不知道

穿越无人区

219国道有些路段真的难走。尤其是老219段，跨过雪山和冰河，大部分地段都是无人区。当然，正因为平日无人打扰，这些地方也是藏羚羊等高原精灵们的乐园。

◀ 新219国道全长10065千米，是中国最长的国道。它是串联中国西部边境线的主动脉，不仅能促进西北、西南经济发展，还能起到巩固边疆的作用。它和228国道、331国道连在一起，把中国大陆围了一圈。

梅里雪山

怒江第一湾

高黎贡山

腾冲

崇左市：中国陆路口岸最多的城市，拥有国家一类口岸5个、二类口岸2个、边民互市点14个

德天瀑布

勐海：普洱茶的故乡

景洪港：澜沧江—湄公河航道中国第一大港口岸

东兴市：新219国道终点

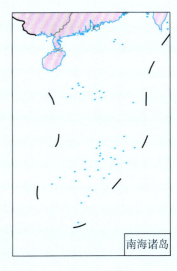

南海诸岛

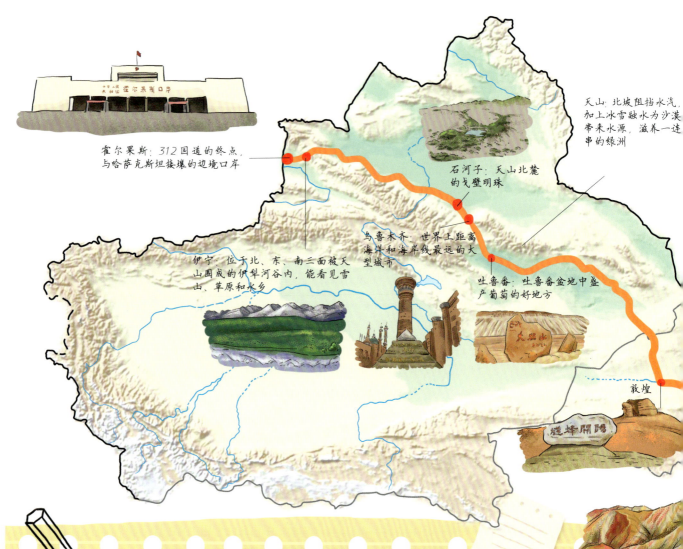

312是条斜贯线

312国道有近5000千米长，共经过上海、江苏、安徽、河南、湖北、陕西、宁夏、甘肃、新疆九个省级行政区。东亚季风可以很轻松地让长江中下游平原温暖湿润，但无法深入西北地区，所以地势较高又远离海洋的312国道西端干旱少雨。

知道不知道 时空传送带

312国道这条"斜线"不一般，它的一边是江南水乡、现代化大都市，一边是苍茫大地、历史厚重的西域。它就像一条时空传送带，把自然和人文景观完全不同的地方联系到一起。

知道不知道　沙漠与绿洲

跟着312国道走能看到降水对环境的影响有多大。从上海出发，处处都是湿润多雨的江南景象。随着道路渐渐深入内陆，气候变得干旱，戈壁滩和沙漠取代了绿油油的大地。

知道不知道　内涵与颜值齐飞

312国道越过平原丘陵，跨过山脉高原，从水乡到峻岭到大漠，自然美景应有尽有。除了有颜值，这条国道还很有内涵。各历史时期的古都、古城轮番上阵，丰富你的历史知识。

隧道 30000 座

修路时遇到大山阻拦怎么办？除了多费点劲绕过去，还有一个办法——挖隧道，从大山的肚子里直接穿过去。中国是个多山的国家，**所以我们造的隧道尤其多。**

知道不知道　建造一座隧道分几步

不就是挖洞嘛，我也会。别天真了，挖隧道可没这么简单。首先要勘探，选个不易被挖塌的地方；其次还要应对漏水等困难；最后还要修整。是技术含量很高的大工程。

1. 放置雷管和炸药（雷管、炸药）
2. 爆破
3. 支护（钢筋：铺设钢筋网后浇注混凝土，防止山洞变形，起到支护的作用；隔水层）
4. 挖隧道
5. 二次衬砌（隧道墙壁：在隧道壁与模板合车之间再次浇注混凝土，二次加固的同时，还能让隧道墙壁平整；模板合车）
6. 安装必要的设施（通风管：保持隧道内空气流通，稀释有毒气体；照明设施）

知道不知道 — 如何快速挖出一条隧道

挖隧道不光是从一头挖到另一头，有时会从两边同时挖。遇到特别长的隧道，工程师会将它们分成许多截短隧道，同时挖。当然，想要快速挖好隧道，机械部队可不能少。

隧道挖掘天团

> 我是挖隧道的排头兵，炸洞用的炸药就放在我钻好的小洞里。

> 挖隧道小分队，踩着我的肩膀，前进！修地面小分队，别担心，在我下面安心修。有我扛着，两组小分队互不干扰，隧道时间管理大师非我莫属。

> 我是建隧道"神器"，一边挖隧道，一边把挖出来的渣土运出去，还能边干活边向前走。脏活、累活、危险活，放着我来！

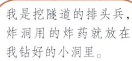
凿岩台车

自行式仰拱栈桥

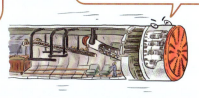
盾构机

知道不知道 — 兵来将挡，水来土掩

中国地形多样，地质构造复杂，每座隧道出现的困难都不相同。唉，难啊！但中华儿女从来不缺智慧和魄力，无论是穿越黄土层还是深海，只要有需要，那就修隧道！

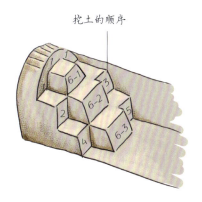
挖土的顺序

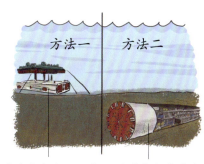
方法一：把隧道管在陆地上建好，再沉到海底
方法二：用盾构机在海底直接挖隧道

▲ 黄土高原土质松软，极易坍塌。工程师采用提前做支护、分块挖隧道的方法解决了这一难题。

▲ 喀斯特地区地下溶洞多，还有地下河和瀑布。这里的隧道要做好超强支护和超强防水层，必要时，再在溶洞里修一座桥。

▲ 海底建隧道主要有两种方法：海底沉管和直接挖。

提气，乾坤大挪移

既然中国西部天然气储量大、易开采，东部人口多、需求大，干脆用一个"乾坤大挪移"，**把西边的天然气向东输送**，解决东部地区的燃眉之急。

知道不知道　运输先要铺管道

天然气是气体燃料，比起用车运，不如直接铺管道，建成后可以24小时不间断输送。

输送天然气的管道要够结实、够粗壮，还要耐高压，这样才能尽量保证不"漏气"。

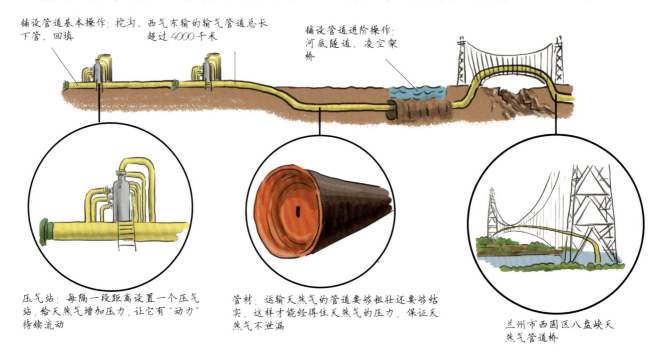

铺设管道基本操作：挖沟、下管、回填

西气东输的输气管道总长超过4000千米

铺设管道进阶操作：河底隧道、凌空架桥

压气站：每隔一段距离设置一个压气站，给天然气增加压力，让它有"动力"持续流动

管材：运输天然气的管道要够粗壮还要够结实，这样才能经得住天然气的压力，保证天然气不泄漏

兰州市西固区八盘峡天然气管道桥

知道不知道　不是一条管，而是一个网

天然气需求那么大，只修一条管道怎么够！我们国家光是最主要的线路就设计了三条，除了"粗壮"的主线外，还有许多支线管道，把天然气管道布局成密密的网络。

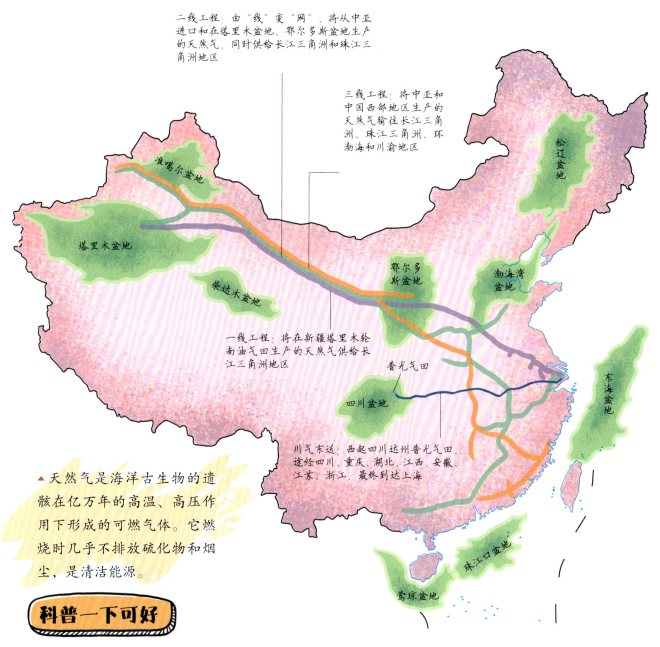

▲ 天然气是海洋古生物的遗骸在亿万年的高温、高压作用下形成的可燃气体。它燃烧时几乎不排放硫化物和烟尘，是清洁能源。

科普一下可好

铺管道还得先种树

西气东输的管道超级长，沿途要经过多种多样的生态环境。人们在铺设管道时不仅要避开保护区和文物遗址，在穿越生态脆弱地区时，还需种树、种草来恢复生态。

报告，来电啦！

没错，西边又双叒叕往东边送资源啦，没办法，谁让西边资源多呢。有些能源没法直接运输，既然东边缺电，那干脆发了电给东边送过去，于是就有了西电东送这个大工程。

问题来了 为什么又是从西边输出？

西北地区干旱少雨，地势高，太阳能资源丰富。
西南地区河流众多，落差大，水能资源丰富。
受亚洲高压影响，风力资源充足。
西部地区地广人稀，适合建造风力发电站和太阳能发电站。
石油、天然气和煤炭资源同样丰富。

知道不知道 三大通道之"北路"

将黄河上、中游的水电站和山西、内蒙古火电厂产生的电能送往京津唐地区。

知道不知道 三大通道之"中路"

将长江上游的金沙江干、支流和三峡的水电站产生的电能送往华东地区。

科普一下可好 特高压输电技术

电靠什么运输？电线。但长距离输电，会造成电能损耗。为了让输电距离更长、线路损耗更低、占用土地更少，聪明的中国人创造出了"世界独一份"的特高压输电技术。

工作人员操纵无人机检查输电线路，安全省时。

知道不知道

三大通道之"南路"

将西南地区的乌江、澜沧江、南盘江、北盘江、红水河的水电站产生的电能,以及坑口火电厂产生的电能输送到广东。

一个人画出的一条线

一直以来,大家都说中国西北地广人稀、东南地狭人稠,但一直没有得到"官宣"。直到一个叫**胡焕庸的地理学家在地图上画了一条线**,才把中国人口分布的情况揭示出来。

知道不知道 人口分布差异线

虽然这条线是胡焕庸先生发现的,但人口怎么分布并不是他规定的,而是千百年来,人们世代迁徙,"用脚投票"形成的,是自然环境、社会发展等多种因素共同作用的结果。

▼ 把黑龙江瑷珲(今黑河)和云南腾冲连起来,把中国分为东南半壁和西北半壁。现在东南半壁约占全国总面积的43%,而人口占总人口的94%;西北半壁约占全国总面积的57%,人口却只占全国总人口的6%。图为2000年人口分布地图。

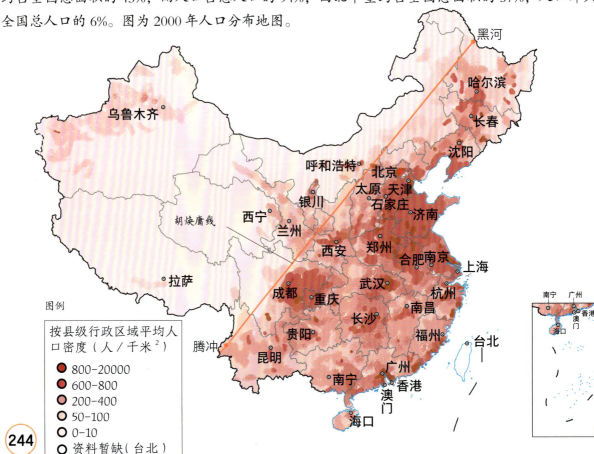

问题来了　这条线是怎么画出来的？

20世纪30年代，中国还在打仗，胡焕庸先生只好一个县一个县地收集人口数据，标在地图上。标着标着，他发现中国的人口分布很有意思，能被一条线分成截然不同的两种情况。

70年后……

▲ 胡焕庸线虽然是1935年提出的，但过了这么多年依然适用。2009年，胡焕庸线被评选为20世纪中国地理最重要发现之一。

知道不知道

都是大自然的选择

东南半壁降水较充足，地形以平原、丘陵为主，适合耕种，自然吸引更多的人。而西北半壁高原和山地多，比较干旱，粮食收成有限，养活不了太多人。

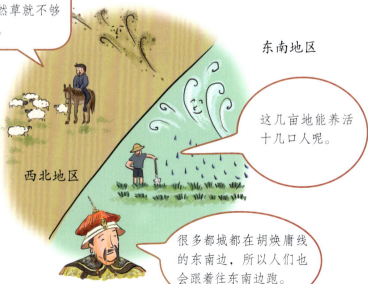

方圆几千米只有我一家，要不然草就不够羊吃的了。

这几亩地能养活十几口人呢。

很多都城都在胡焕庸线的东南边，所以人们也会跟着往东南边跑。

245

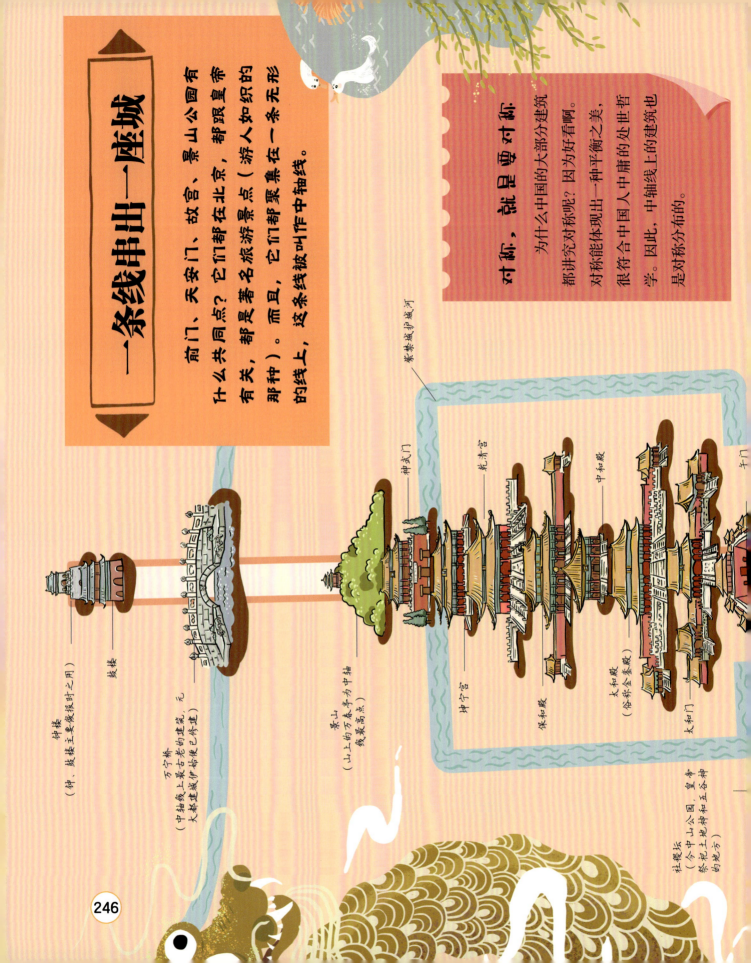

一条线串出一座城

前门、天安门、故宫、景山公园有什么共同点？它们都在北京，都跟皇帝有关，都是著名旅游景点（游人如织的那种）。而且，它们聚集在一条无形的线上，这条线被叫作中轴线。

对称，就是要对称。

为什么古中国的大部分建筑都讲究对称呢？因为好看啊。对称能体现出一种平衡之美，很符合中国人中庸的处世哲学。因此，中轴线上的建筑也是对称分布的。

钟楼
（钟、鼓楼主要报时之用）

鼓楼

万宁桥
（中轴线上最古老的建筑，元大都建城伊始便已修建）

景山
（山上的万春亭为中轴线最高点）

紫禁城护城河

神武门

坤宁宫

乾清宫

保和殿

中和殿

太和殿
（俗称金銮殿）

太和门

午门

社稷坛
（今中山公园，皇帝祭祀土地神和五谷神的地方）

246

北京中轴线连着四重城，即外城、内城、皇城和紫禁城，全长约7.8千米。目前，这部分中轴线正在申报世界文化遗产。

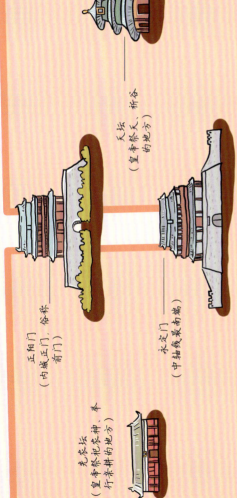

我把中轴线都画歪了，这龙椅当然也没在正中央。哈哈，都被我骗了吧？

忽必烈

……

你的龙椅歪了。

我的龙椅在大殿的正中心，谁敢放歪。

乾隆皇帝

北 ← → 南
中轴线

居中，就是要居中

中轴线上最著名的建筑群就是故宫。为了体现居天下之中的皇权，皇宫自然要建在都城中心，而皇帝的宝座也要放在等级最高的太和殿的正中了。

7.在正中央的"中轴"

北京中轴线并不是一条正南正北的直线，越往北走，它就越往西偏。如果将中轴线向北延长270多千米，就到了元上都。原来，元世祖忽必烈是为了体现大都和上都的统一，特意把这两处的连线作为元大都中轴线的基准线。

第七章
世界的遗产 中华的宝

重现昔日繁华

中国历史深厚，当然有很多古城，不过，能完整留存下来让我们看到的，却很少。**这些古城都有自己独特的历史标签**，还能成为历史的见证者。

知道不知道 我在平遥开票号

明清时期，山西的商人靠经营盐业、票号（古代的银行）成为有名的晋商。作为晋商发源地之一的平遥古城，更是在"日昇昌"票号的带动下，成了晚清时期中国的金融中心之一。

▲ 平遥是晋商的发源地之一。1823年，"中国现代银行的鼻祖"——"日昇昌"票号在平遥诞生。在繁荣时期，全国票号共51家，平遥就占了22家，数量为全国之最，是当之无愧的全国金融中心。

▶ 山西北部土地贫瘠，很多人从长城的要塞杀虎口向西、向北迁徙，外出谋生。这种大规模的人口迁徙被称为走西口。从明朝中期开始，很多走西口的人从事商业，促进了晋商发展。

"民间皇宫" 乔家大院

知道不知道

古代平民不能住皇宫，但有钱人能把自己家修得几乎跟皇宫一样雄伟。晋商乔氏兄弟发达后，盖起了乔家大院。说是大院，其实高墙之内，还能分成六个院子，里面有300多间房屋。

- 这家有钱，咱们去偷点东西！
- 你疯了吗，他家安保太严了，根本不可能得手。

- 10米全封闭高墙，防御值拉满
- 木雕垂花柱
- "会芳"牌匾：由一块完整的核桃木雕刻而成。牌匾为荷叶形，叶子的卷曲、叶脉清晰可见
- 门墩：石狮子形态各异，底座的花纹也各不相同
- 入口
- 犀牛望月镜：国家一级文物，乔家大院镇宅之宝，由铁梨木精雕而成
- 出口
- 福德祠照壁：枝树、寿山为底，中间是鹿群。"枝""鹿"与"福""禄"谐音，加上"寿"，组成福禄寿三星高照图

九龙灯：八国联军侵华时，慈禧太后曾在乔家避难，并获乔家资助。后为表示感谢，慈禧太后赐乔家两盏

万人球：世界上第一个"监控"，挂在账房天花板上的水银玻璃球，用来监视屋里人

▲ 在中堂是乔家大院保存最完好的核心院落。

在这里，少数民族变多数

> 知道不知道

作为一座著名的云南古城，丽江最不缺的就是民族特色，纳西族、白族、普米族、彝族、傈（lì）僳（sù）族等少数民族都在此居住。要想短时间饱览不同的民族风情，来丽江就够了。

▲木府是元、明、清时期，纳西族木氏土司在丽江的宫殿。

▲万古楼：丽江古城的标志性建筑，建于1996年。

▲东巴文化：纳西族的古代文化，包括文字、图画、音乐等。

状元辈出的阆中

> 知道不知道

阆（làng）中是千年古县，中国春节文化之乡，中国四大古城之一，还是四川历史上出状元最多的地方。这么厉害的古城却并不怎么出名，莫非是因为不会读"阆"？

▲阆中地处四川盆地北部边缘，山围四面，水绕三方，易守难攻，早在春秋战国时期就是巴国的陪都。

知道不知道

皖南古村落，尽在水墨中

皖南不仅盛产笔墨纸砚，就连这里的村子都仿佛是从画里走出来的。皖南古村落保留着明清村落的特点，最爱白墙配青瓦，远远看去，仿佛一幅水墨画。

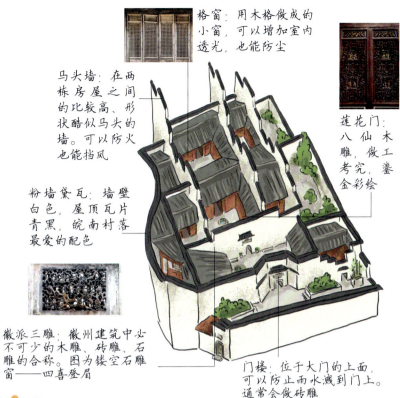

格窗：用木格做成的小窗，可以增加室内透光，也能防尘

马头墙：在两栋房屋之间的比较高、形状酷似马头的墙。可以防火也能挡风

莲花门：八仙木雕，做工考究，鎏金彩绘

粉墙黛瓦：墙壁白色，屋顶瓦片青黑，皖南村落最爱的配色

徽派三雕：徽州建筑中必不可少的木雕、砖雕、石雕的合称。图为镂空石雕窗——四喜登眉

门楼：位于大门的上面，可以防止雨水溅到门上。通常会做砖雕

知道不知道

住在碉楼里，安全！

前方不是彩蛋射击场，而是广东开平的民居。没错，开平人住在碉楼里。碉楼不仅墙体比普通民居厚，窗户比普通民居小，上部还有用来瞭敌和射击的"燕子窝"，能守能攻。

▲ 开平市，广东省江门市代管的县级市。碉楼是一种独特的民居，为了应对土匪盗贼，开平当地的民众把房屋修成碉楼以求自保。

辉煌的建筑

仔细研究中国的古建筑，你就会发现，**古人实在是太爱木结构了**，所以，跟建筑物有关的字，很多都是"木"字旁。直到宋朝后期，石头才在建筑界有了一席之地。

知道不知道 古建筑的"根"

中国古建筑的样式有很多，上到华丽无比的皇宫，下到遮风挡雨的陋室。不过无论地处何方，无论是哪个朝代建造的，中国大多数木建筑都由台基、建筑主体和屋顶三个部分组成。

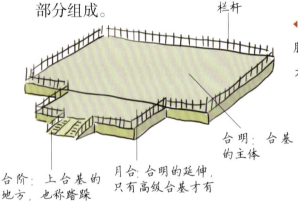

◀对古建筑来说，台基就是双脚，让整个建筑稳稳地站在大地上。

- 栏杆
- 台明：台基的主体
- 台阶：上台基的地方，也称踏跺
- 月台：台明的延伸，只有高级台基才有

梁：承托着建筑的上部构架和屋面的全部重量。非常重要，必须放正。如果没放正，就会影响整个房屋的结构，俗称"上梁不正下梁歪"。

知道不知道 雕梁画栋

现在很多房子全靠墙支撑。但古代的木结构建筑，墙倒了，屋都不会塌。梁、柱就像木结构建筑的骨骼，它们才是撑起整座建筑的真英雄。

- 檐柱：又称廊柱，建筑物最外侧的柱子，支撑屋檐
- 金柱：位于檐柱内侧的柱子
- 角柱：在建筑物四角的柱子，可以增加抗震能力
- 柱：与台基相连的承重构件

知道不知道 颜值与内涵兼备的斗拱

梁与柱之间，还有个神奇的结构，叫作斗拱。斗拱看着是绝美装饰，实际是力学巅峰。它可以承重，把梁上的重量向下传给柱，继而传给台基。

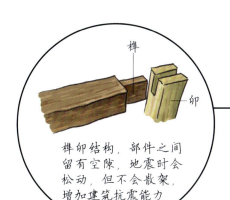

榫卯结构，部件之间留有空隙，地震时会松动，但不会散架，增加建筑抗震能力

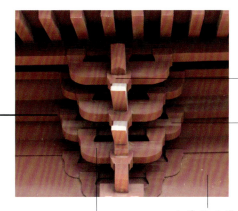

斗：拱与拱之间的方形木块

构造精巧，是绝佳的装饰

拱：向外探出的弓形承重结构

斗拱位于梁、柱之间，将屋顶和梁承载的压力分担给柱，再由柱分担给台基

◀ 雅安高颐阙（què）建造于汉建安十四年（公元209年），是益州太守高颐墓前的装饰物，为中国保存至今最完好的汉代石阙。

◀ 位于山西省忻州市五台县的佛光寺始建于北魏，唐朝重建，被著名建筑学家梁思成誉为"中国第一国宝"。唐、宋、元时期的斗拱一般比较硕大。

◀ 明清时期的斗拱开始缩小，逐渐脱离了它的承重作用，更侧重于装饰。图为北京故宫建筑斗拱。

不同朝代，斗拱的样式和结构有所不同。它的演变也是中国传统木结构建筑演变的重要标志。人们可以通过木建筑斗拱的样式，来大致判断这座建筑是哪个朝代的。

255

知道不知道 真·天花板

天花板上明明啥也没有,为啥叫天"花"板?因为古代的天花板真的很花。有一种藻井式天花板,把天花板做成向上隆起的井状,再配上一层层的彩绘和浮雕,又花又高级。

▲藻井是指建筑内部的穹隆状天花,主要分布在庙宇、皇家宫殿等地方,普通人家没有机会建造。

知道不知道 飞檐走壁

武林高手飞檐走壁时,打眼一看就知道这是怎样的人家。在古代,屋顶是身份的象征,很多霸气的屋顶只有帝王家才能用。看到屋顶,你就能知道这户人家的社会地位。

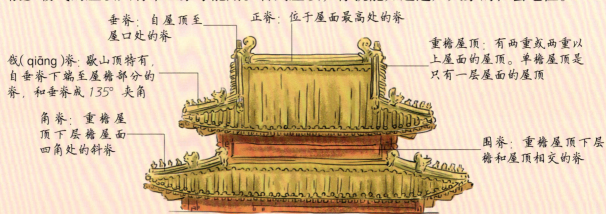

- 垂脊:自屋顶至屋口处的脊
- 正脊:位于屋面最高处的脊
- 戗(qiāng)脊:歇山顶特有,自垂脊下端至屋檐部分的脊,和垂脊成135°夹角
- 重檐屋顶:有两重或两重以上屋面的屋顶。单檐屋顶是只有一层屋面的屋顶
- 角脊:重檐屋顶下层檐屋面四角处的斜脊
- 围脊:重檐屋顶下层檐和屋顶相交的脊
- 山花:歇山顶两侧的三角形墙面
- 山墙

我是康熙皇帝的生母。

庑(wǔ)殿顶
孝康章皇后
- 等级:高贵
- 描述:景仁宫,嫔妃住所,康熙皇帝出生地。有四面坡的屋顶。只能用于重要建筑,普通人家禁止修建。

重檐庑殿顶
朱棣
- 等级:超级高贵
- 描述:乾清宫,清雍正帝之前为历代皇帝寝宫。雍正帝开始,改为皇帝的主要办公室。单檐庑殿顶的进阶版,最高贵的屋顶。只有皇宫的主殿、重要的庙宇大殿等地方才能使用。

歇山顶
- 等级:高贵
- 描述:南禅寺大殿是中国现存最古老的唐代木结构建筑。屋顶先竖下来再形成坡,形成一个三角形山花。规格次于庑殿顶,普通人家同样碰不得。

重檐歇山顶
孝庄文皇后
- 等级:超级高贵
- 描述:慈宁宫主要是为太后举行重大典礼的殿堂。歇山顶进阶版,虽比不过重檐庑殿顶,但高于单檐庑殿顶。常见于宫殿、重要的坛庙建筑。

悬山顶
- 等级:普通
- 描述:龙门寺是全国唯一的五代木构建筑悬山式殿宇。一条正脊,四条垂脊。两面坡,端头露出山墙外。普通人家和寺庙都可以用。

问题来了 木建筑怎么防虫防腐？

通过实践，工匠们逐渐了解了木材的"个性"，选择耐腐耐泡的木材造房子。工匠们还会用上药、涂漆等方式让木材不被蚊虫叮咬。凸出的房檐也能防止雨水冲刷墙壁，减少腐蚀。

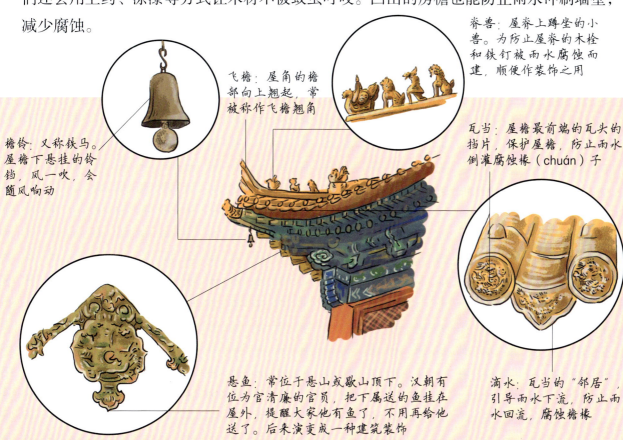

脊兽：屋脊上蹲坐的小兽。为防止屋脊的木栓和铁钉被雨水腐蚀而建，顺便作装饰之用

飞檐：屋角的檐部向上翘起，常被称作飞檐翘角

瓦当：屋檐最前端的瓦头的挡片，保护屋檐，防止雨水倒灌腐蚀椽（chuán）子

檐铃：又称铁马。屋檐下悬挂的铃铛，风一吹，会随风响动

悬鱼：常位于悬山或歇山顶下。汉朝有位为官清廉的官员，把下属送的鱼挂在屋外，提醒大家他有鱼了，不用再给他送了。后来演变成一种建筑装饰

滴水：瓦当的"邻居"，引导雨水下流，防止雨水回流，腐蚀檐椽

硬山顶

⭐ 等级 普通

程庄村因著名理学家程颢、程颐的后人迁此定居而得名。

📖 描述
看起来跟悬山顶差不多，只是两侧屋檐不悬出山墙。宋代以前没有，明清时期得到广泛应用。

卷棚顶

⭐ 等级 普通

颐和园谐趣园中的水榭。

📖 描述
没有明显的正脊，常见于民居，在园林的亭轩廊榭等建筑中应用也比较广泛。

攒（cuán）尖顶

⭐ 等级 普通

狮子林中的湖心亭。

📖 描述
坡面在顶部相交的锥形屋顶，常见于亭台楼阁。

盔顶

⭐ 等级 普通

岳阳楼，中国名楼之一。

📖 描述
中央攒尖，顶和脊为凸出的弧线，像头盔。常见于亭台楼阁。

盝（lù）顶

⭐ 等级 普通

先农坛神厨殿为存放先农诸神神位和准备牺牲祭品的地方。

📖 描述
把庑殿顶和平顶结合在一起，金、元时期比较常用。

故宫里面有什么

北京故宫曾是明、清两朝的皇家宫殿。

但你知道吗，其实除了这个"正经"故宫，还有其他叫故宫的地方，它们有的是真皇宫，有的却是博物馆。

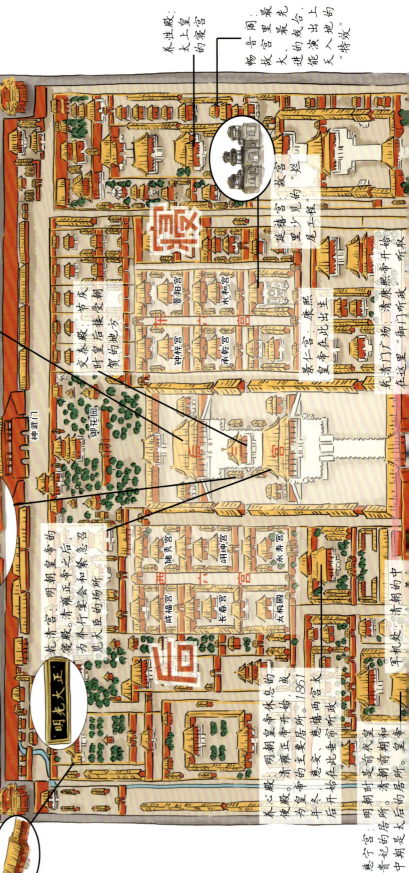

角楼：位于城墙四角，可以瞭望，也能起到防御作用。

养性殿：太上皇的寝宫。

畅音阁：故宫里最大、最先进的戏台，能演出地上地下"特效"。

坤宁宫：明朝时是皇后的寝宫，清代改为祭祀的场所。

延禧宫：俗称"烂尾楼"。

交泰殿：皇后时接受朝贺的地方。

景仁宫：康熙皇帝在此出生。

乾清门广场：清康熙帝开始在这里"御门听政"。

后三宫：皇帝和皇后居住的正宫。东西六宫、后妃居住的宫殿

小议房：主要太监值班时休息的地方。

乾清宫：明朝皇帝的寝殿。清雍正帝之后，为举行宴会和紧急召见大臣的场所。

养心殿：明朝皇帝休息的便殿。清雍正帝开始成为皇帝的主要居所。1861年冬，慈禧、慈安两宫皇太后开始在此垂帘听政。明朝时是皇帝的居所。清朝前中期是太后太妃的居所。

慈宁宫：明朝时是皇太后及皇贵妃的居所。清朝前中期是太后太妃的居所。

军机处：清朝朝中……

耳房：主宫殿旁边的小房屋。根据规制，娘娘们住在宫殿里，级别的贴身宫女们则住在耳房休息。

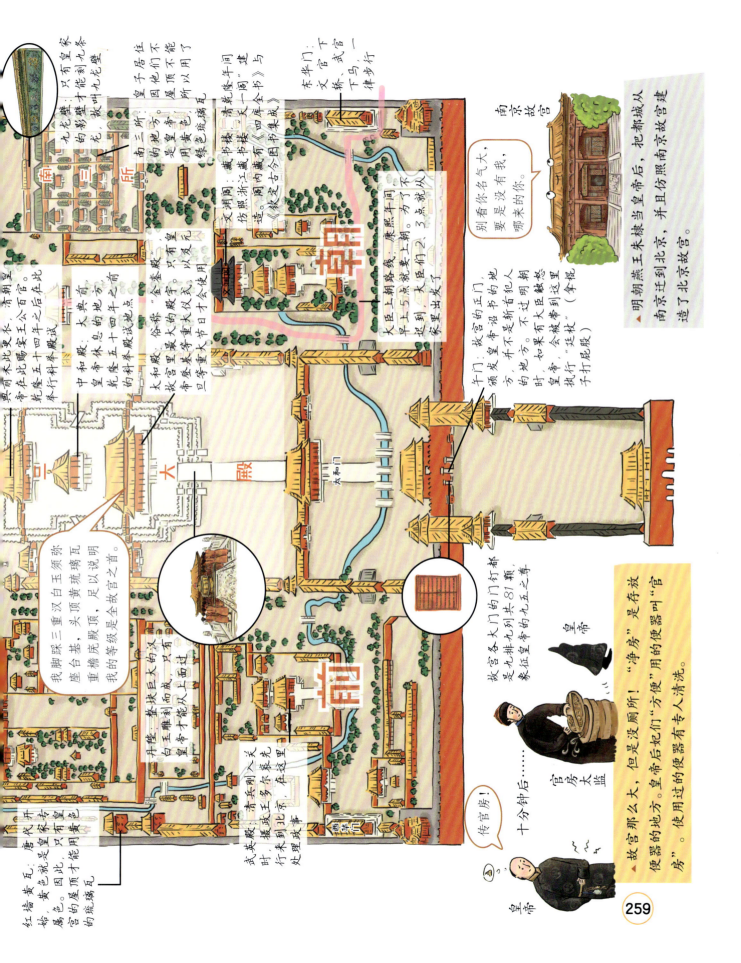

知道不知道　皇上他家有讲究

故宫可不是建筑物的简单堆积，它的设计理念突出一个规整。首先是对称，主要建筑位于中轴线上，两边对称。其次是前朝后寝，前面议政，后面生活。

我爱盖章。

乾隆皇帝

我虽然热爱工作，但也爱cosplay（角色扮演）。

雍正皇帝

皇帝们的小爱好

刺虎　百戏装　松涧鼓琴

▶"样式雷"所制北京故宫大清门至坤宁宫中一路图样（复制品）

科普一下可好

谁给皇帝设计房子

清朝绝大部分皇家高级建筑的设计，都出自被称作"样式雷"的雷氏家族。我们耳熟能详的颐和园、圆明园、避暑山庄等，都由雷氏家族主持设计。

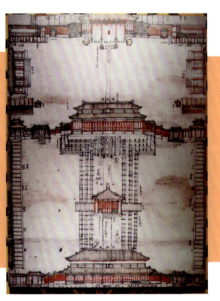

知道不知道 清朝皇帝回"老家"

清军还没进驻北京城时，曾在辽宁沈阳盖了一座皇宫，即沈阳故宫。清朝迁都北京后，沈阳故宫这座"老皇宫"也没荒废。历任皇帝会时不时回来住一阵子，感受祖先当年的岁月。

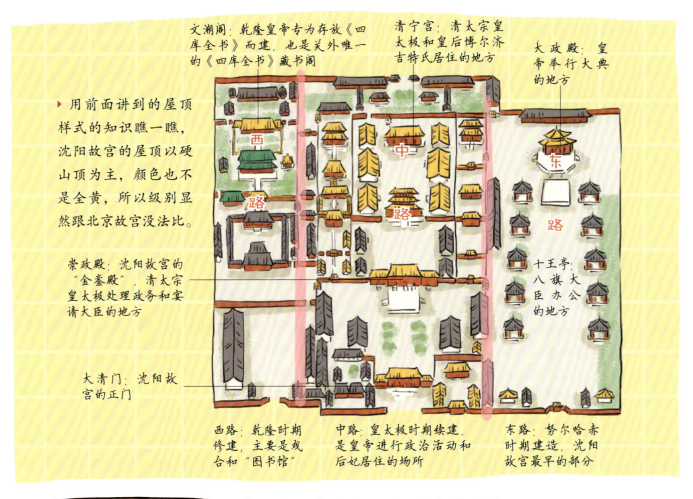

文溯阁：乾隆皇帝专为存放《四库全书》而建，也是关外唯一的《四库全书》藏书阁

清宁宫：清太宗皇太极和皇后博尔济吉特氏居住的地方

大政殿：皇帝举行大典的地方

▶ 用前面讲到的屋顶样式的知识瞧一瞧，沈阳故宫的屋顶以硬山顶为主，颜色也不是全黄，所以级别显然跟北京故宫没法比。

崇政殿：沈阳故宫的"金銮殿"，清太宗皇太极处理政务和宴请大臣的地方

十王亭：八旗大臣办公的地方

大清门：沈阳故宫的正门

西路：乾隆时期修建，主要是戏台和"图书馆"

中路：皇太极时期续建，是皇帝进行政治活动和后妃居住的场所

东路：努尔哈赤时期建造，沈阳故宫最早的部分

知道不知道 也叫"故宫"的博物院

有的地方，古代没修过皇宫，如今却也叫故宫。中国台湾和香港的故宫不是皇帝住过的地方，而是博物馆。虽然建筑都是新建造的，但里面的文物却切切实实来自北京的故宫。

▶ 香港故宫文化博物馆位于香港特别行政区九龙半岛，在馆内展出的文物由北京故宫博物院提供。

皇上，请安息

皇帝们希望自己死后也能执掌天下， 所以在活着的时候就开始修建陵墓。这些皇家陵寝规模宏大，内容丰富，不仅皇帝喜欢，考古学家也非常喜欢。

知道不知道 — 始皇帝的大排场

兵马俑是不是很震撼？它还只是秦始皇陵的一小部分，主体地宫还没开掘呢。考古学家虽很想继续挖掘，但觉得现在的考古技术还不够发达，怕一挖开，墓中的文物就会损坏，只好把它留给后人揭晓。

连发丝都看得清清楚楚，可见工匠的手艺有多么精湛

千人千面说明兵马俑并非流水线上生产，而是纯手工打造

兵马俑其实是有颜色的，不过出土后遇空气迅速氧化了。俑身上的紫色是人类迄今为止仍无法在自然界提取的颜色，被称为中国紫

宫臧（zāng）："宫司空的工匠臧"的简写。秦朝工匠会把自己的名字留在兵俑身上，便于监工检查

▼秦始皇帝陵园

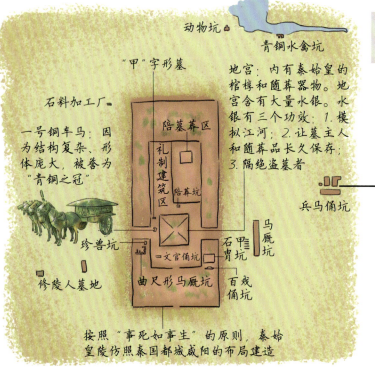

动物坑　青铜水禽坑
"甲"字形墓
石料加工厂
一号铜车马：因为结构复杂、形体庞大，被誉为"青铜之冠"
陪葬墓区
礼制建筑区
陪葬坑
地宫：内有秦始皇的棺椁和随葬器物。地宫含有大量水银。水银有三个功效：1.模拟江河；2.让墓主人和随葬品长久保存；3.隔绝盗墓者
兵马俑坑
马厩坑
石甲胄坑
珍兽坑
文官俑坑
修陵人墓地
曲尺形马厩坑
百戏俑坑

按照"事死如事生"的原则，秦始皇陵仿照秦国都城咸阳的布局建造

▼秦始皇陵兵马俑是一座地下坑道式的土木结构建筑，各个坑之间用土隔墙隔开。

三号坑：作战指挥部，是整个军队的"大脑"

二号坑：由骑兵、车兵、弩兵组成的多兵种特殊部队，兵种齐全

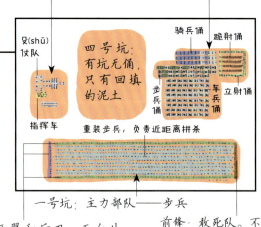

殳(shū)仗队
指挥车
四号坑：有坑无俑，只有回填的泥土
骑兵俑　跪射俑
步兵俑　车兵俑　立射俑
重装步兵，负责近距离拼杀
一号坑：主力部队——步兵
两翼和后卫：面向外站立，主要负责警戒
前锋：敢死队。不穿铠甲，利于行动

大规模！明清皇家陵寝

北京是明清两朝的都城，皇帝去世后，也要埋在北京附近。不过明朝在前，占到了好位置，先在北京修建了明十三陵。后面的清朝只好在离北京不远的河北选地方修建皇陵。

▲明朝一共16位皇帝，除了安葬在十三陵的13位之外，还有葬在南京的洪武帝朱元璋、下落不明的建文帝朱允炆和被"降级"的景泰帝朱祁钰。

◀清朝皇帝的陵寝有三处。前期没入关的皇帝葬在盛京（今沈阳），其他皇帝分别葬在位于河北遵化的清东陵和位于河北易县的清西陵。

▼ "莫高窟"原指沙漠高处的石窟，共有洞窟735个、壁画4.5万平方米、各类彩塑2000多尊，是世界上连续开凿时间最长、现存洞窟规模最大、内容最为丰富的佛教石窟建筑群。

九层楼：因共有9层而得名。莫高窟的第一大洞窟，开凿于初唐，最初只有4层。

没有翅膀照样飞

你可能再也找不到比莫高窟内涵更加丰富的石窟艺术圣地了。这里不仅有石窟佛像，还有壁画泥塑、书画经文，不愧为**中国现存规模最大、内容最丰富的古典文化艺术宝库**。

问题来了　敦煌莫高窟有多牛？

莫高窟位于甘肃敦煌。上千年间，无数人到这里开凿石窟，把历史都"凿"在了沙漠里。这里因为内容太丰富，人们都研究不过来，甚至诞生了一门学问，叫敦煌学。

科普一下可好　为什么都选择在敦煌凿石窟？

气候地形： 敦煌深居内陆，降雨量少，蒸发量大，四季多风，石窟易于保存。

地理位置： 敦煌位于丝绸之路的咽喉，曾是人来人往的国际化大都市。很多佛教徒在这里翻译佛经、开凿石窟静修，很多富庶的家族也愿意开凿石窟。

藏经洞：藏有5万多件古代文书、绘画的洞窟。因为文书内容丰富、数量众多，甚至诞生了以研究藏经洞文书和敦煌石窟艺术为主的学科——敦煌学

问题来了 为什么洞窟的"画风"都不一样？

莫高窟不是某个人一下子凿出来的，而是在1000多年中，各式各样的人陆续开凿的。既然凿窟的、画壁画的、做泥塑的工匠都来自不同的朝代不同的地区，"画风"当然也不一样了。

知道不知道 经典造型——飞天

飞天没有翅膀，却在莫高窟的壁画上飞来飞去。受印度文化的影响，早期壁画上的飞天还长得像个外国大汉。后来西域文化与中原文化相结合，飞天变得越来越有中式柔美韵味。

▲飞天虽然是莫高窟壁画中的配角，但每个洞窟几乎都画有飞天。飞天足可成为敦煌艺术的代表。

去祖先家做客

没有手机、平板电脑,没有自来水也就罢了,连衣服都没有,还要吃生肉!真难以想象,远古时期的祖先是怎么生存下来的。好在有考古学家带我们"穿越"回茹毛饮血的时代。

知道不知道 不住胡同住周口店的北京人

北京周口店龙骨山,距今70~20万年前,著名的北京直立人曾在这里生活。约3万年前,同样著名的山顶洞人出现在北京人的"楼上"——龙骨山顶部的洞穴,并因而得名。

北京人复原头像

北京人生活在旧石器时代,会使用火,会制作石器。

这就是咱北京人的祖先?

他跟您压根就不是一种人。北京人属于直立人,跟您之间至少还隔着早期智人,也就是十几万年呢。

◀ 于1921年在北京市房山区周口店龙骨山中被发现的北京人遗址是迄今所知世界上内涵最丰富、材料最齐全的直立人遗址之一。

知道不知道 因为修铁路,找到两颗牙

为了修铁路,地质研究所的工作人员来到云南元谋县考察,结果有了意外收获——几颗一看就很古老的牙齿化石。不得了了,一处新的古人类遗迹就这样出现在世人面前。

◀ 元谋人化石是中国发现的最早的古人类化石之一。它的发现,证明了云南也是人类起源与发展的重要地区。

知道不知道 良渚人就爱玉

良渚古城由上百个遗址组成,距今已超 5000 年历史。这里除了发现石器、青铜器等常规文物外,还发现了至少 7000 件玉器——原来中国人这么早就迷上了玉器呀。

▼ 位于浙江省杭州市余杭区的良渚古城三面环山,处于小盆地,每年都会爆发山洪。但良渚人居然修筑了疏堵结合的水利设施,既能防洪、运输,又能灌溉农田,供人饮用。更令人称奇的是,这套先进的水利设施竟然比大禹治水还早了 1000 多年。

知道不知道 殷墟不是传说

殷墟,就是殷的废墟遗址。古书里虽然有殷的记载,但谁也不知道殷到底在哪儿。直到河南安阳发现了殷墟遗址,这下传说照进现实,中国有了第一个有文献、被文字(甲骨文)证实的都城。

◀ 在第 19 位君主盘庚的带领下,商朝的都城迁到殷。此后的 200 多年里,这里一直是商朝的政治、文化中心。

发自远古的消息

虽然大多数古生物都灭绝了， 但机缘巧合下，有些却变成化石流传至今，让我们有幸瞧瞧它们都长什么样。有了化石，古生物学家们还能知道远古时期地球的发展情况呢。

此消息来自一场生命大爆发

古生物学家认为，5亿多年前的寒武纪时期，地球上一定出现了生命大爆发，但一直没证据。云南澄江大量海洋生物化石的出现，证明了这场大爆发是真的，让古生物学家欣喜若狂。

▲ 澄江化石地位于云南省玉溪市澄江市，生命大爆发在这里出现，现在地球上所有已知的动物门类都可以在这里找到祖先。这里是生命的源头。

此消息来自海洋生物

贵州现在是喀斯特地貌集中的地方，也就是说——山多，但古生物学家却在这里挖出鹦鹉螺、鱼龙等海洋生物的化石。没错，真相只有一个，那就是数亿年前，贵州其实是一片大海……

▲ 贵州在远古时期曾是汪洋大海，生活着很多海洋生物，后来随着地壳运动变成了现在的高原。这就使得贵州拥有数量众多的海洋生物化石。

此消息来自花鸟源头

辽宁朝阳为啥这么大胆，敢号称是"世界上第一朵花盛开和第一只鸟飞起的地方"？原来是发现了最古老的鸟和最早有花植物的化石，为人类破解生物演化谜题提供了线索。

> ▶ 热河是中国曾经的省级行政区划，包括河北北部、辽宁西部和内蒙古东南部地区。1923年，地质学家在当时的热河发现了许多古生物化石，便将它们命名为"热河生物群"。这些化石对我们研究鸟类、有花植物的起源提供了宝贵的依据。

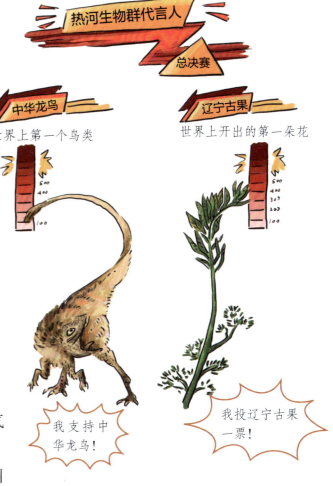

此消息来自古脊椎动物

甘肃和政县位于青藏高原边缘，属于高寒气候，但那里却发现了超级多的古脊椎动物化石。这说明在数千万年前，这里曾经温暖湿润，吸引了许多动物前来繁衍生息。

▲ 和政县位于甘肃省临夏回族自治州，拥有非常丰富的古动物化石，光是各种"世界之最"就占了六项，被誉为"东方瑰宝、高原史书""古动物化石之乡"。

恐龙的乐园

提问：世界上哪个国家人口最多？

回答：中国！

再提问：世界上哪个国家发现的恐龙种类最多？

回答：……

哈哈，答案也是中国！上到三叠纪下到白垩纪，恐龙的足迹几乎遍布整个中华大地。

▼ 四川自贡在恐龙化石群遗址上就地兴建了大型遗址类博物馆。这座恐龙遗址博物馆几乎囊括了侏罗纪时期所有已知恐龙种类，被誉为"世界上最好的恐龙博物馆"。

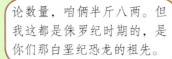

自贡站：侏罗纪公园

看过电影《侏罗纪公园》吗？告诉你，自贡才是真正的侏罗纪公园！在几乎整个侏罗纪时期，这里水草丰美，给各种恐龙留下了尽情撒欢的空间。

"杨钟健教授，我明明是被你在马鸣溪发现的，为什么要叫马门溪龙？"

"因为我是陕西人，说话有口音，别人听错了……"

◀ 马门溪龙是中国发现的最大的蜥脚类恐龙之一，最长体长超过20米，因超长的脖子而闻名。

▼ 内蒙古自治区二连浩特市是亚洲最早发现恐龙化石和恐龙蛋化石的地区之一。

二连浩特站：末代恐龙的故事

如今的二连浩特是广袤的草原，但在7000万年前的白垩纪，这里曾经遍布湖泊，丛林密布，是恐龙的乐园。地质运动使得青藏高原隆起，改变了这里的环境，让恐龙走向灭绝。

"白垩纪晚期，气候变得干燥寒冷，雌恐龙身体受影响，生下的蛋壳太薄，已经无法孵化了。"

"为什么西峡恐龙蛋化石多，恐龙化石少？"

西峡站：猜猜恐龙咋没的？

白垩纪末期，地球上发生了恐龙大灭绝事件，而西峡就藏有破解大灭绝之谜的线索。这里发现的大量恐龙蛋化石，都来自白垩纪晚期，能为研究恐龙灭绝之谜提供实物资料。

▲ 西峡恐龙遗迹园位于河南省南阳市西峡县，这里出土的恐龙蛋化石数量众多、种类齐全、保存完好，堪称"世界之最"。

南雄站：啃一块化石三明治

广东南雄是古生物界的风水宝地。这里沉积着厚厚的红层，里面包裹的既有恐龙化石，也有恐龙蛋化石，甚至还有恐龙足迹化石，属于世界都罕见的"三合一"化石地。

恐龙蛋化石
恐龙骨骼化石
大型鸭嘴龙类足迹化石

▲ 恐龙研究专家指出，"南雄红层"是目前世界上研究恐龙灭绝问题的最佳地点。

第八章
我们的资源 我们的环境

各种各样的能源

石油、煤炭这些东西虽然不好看，

却是我们幸福生活离不开的能源。如今，我们不仅有煤炭、天然气这些传统能源，还有太阳能、风能等新能源。

问题来了 能源多？能源少？

中国能源很多，但分布很不均匀。晋陕蒙地区煤炭多，西南部水能多。东部地区虽然也有能源，但他们需求量更大，只能眼巴巴地等着各"兄弟省"把能源送过来。

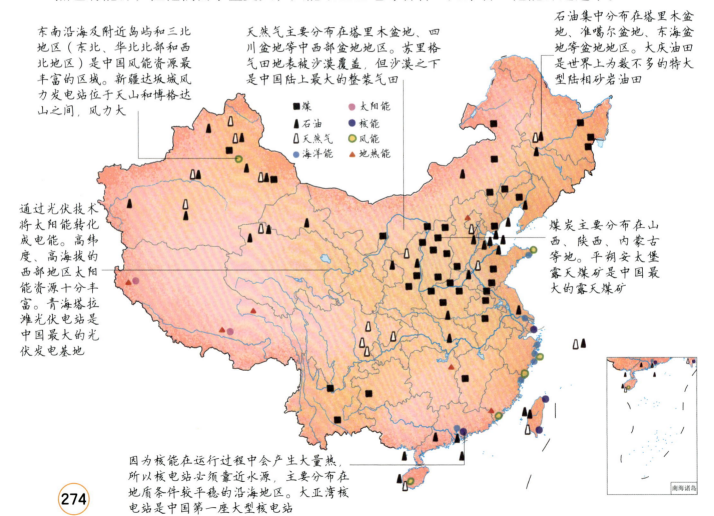

东南沿海及附近岛屿和三北地区（东北、华北北部和西北地区）是中国风能资源最丰富的区域。新疆达坂城风力发电站位于天山和博格达山之间，风力大

天然气主要分布在塔里木盆地、四川盆地等中西部盆地地区。苏里格气田地表被沙漠覆盖，但沙漠之下是中国陆上最大的整装气田

石油集中分布在塔里木盆地、准噶尔盆地、东海盆地等盆地地区。大庆油田是世界上为数不多的特大型陆相砂岩油田

通过光伏技术将太阳能转化成电能。高纬度、高海拔的西部地区太阳能资源十分丰富。青海塔拉滩光伏电站是中国最大的光伏发电基地

煤炭主要分布在山西、陕西、内蒙古等地。平朔安太堡露天煤矿是中国最大的露天煤矿

因为核能在运行过程中会产生大量热，所以核电站必须靠近水源，主要分布在地质条件较平稳的沿海地区。大亚湾核电站是中国第一座大型核电站

问题来了 可再生？不可再生？

煤炭、石油等能源，要经过上千万年时间慢慢形成，对人类而言根本等不起，便把它们定义为不可再生能源。风、水、太阳能因为可以不断得到补充，所以是可再生能源。

知道不知道 清洁能源开发计划

煤炭、石油等传统能源虽然用得顺手，但它们不仅会带来环境污染，而且还越用越少，引发能源危机。新能源的开发迫在眉睫。为了利用好新能源，人们研发出许多新设备。

▼ 考虑到部分可再生能源的不稳定性和间歇性问题，中国在四川雅砻江上建造了全球最大的水光互补电站——柯拉光伏电站。届时，它将与雅砻江两河口水电站并肩作战，一起发电。

◀ 塔拉滩光电园区虽然光照强烈但风沙大，光伏板很容易受损。为防风固沙，工作人员种了不少草。但杂草会影响光伏板的发电效率，怎么办？好办！让绵羊来解决就行了。

科普一下可好

做节能小先锋

能源虽多，但生活中很多能源，都在我们不经意的时候，被浪费掉了。其实，你我都能行动起来，从生活中的点滴小事做起，节约能源，提高能源利用效率。

我们的煤炭从哪里来

煤炭被誉为"工业的食粮"，取暖、做饭、发电都离不开它。有人却说，煤炭这个一摸一手黑的东西曾经是植物！二者长得可是没有一点相似之处啊。煤炭究竟从哪里来的？

知道不知道

变煤大作战

煤炭是植物随着地壳运动深入地下而形成的。亿万年以来，"长出植物—被埋地下"的过程在大地上不停发生，所以很多地方都有煤炭，煤层也不止一层。

远古时期的植物

植物枯萎

植物等被埋在土中经过长期复杂变化形成煤

▲ 中国煤炭资源虽丰富，但地理分布极不平衡，大体呈北多南少，西多东少。而且虽然几乎各省都有煤炭资源，但勘探程度较低，经济可采储量较少。

知道不知道   让它重见天日

煤矿都埋在地下，把它们开采出来可是个大工程。要是运气好，遇到埋得浅的煤矿，还可以露天开采。但大部分煤矿都隐藏得很深，这时就要打井采煤。

新石器时代
想不到7000多年前，古人就发现煤了。
但是他们却拿煤做雕刻！

汉代
对嘛，煤炭是可以用的！

明代
竹竿中空，可以把矿底的毒气排出去
支撑住顶部，防止塌方
明代就有这么正规的煤矿了！

现代
平面掘进
煤层
竖井开采
坡面开采

知道不知道　被嫌弃的煤炭

煤炭虽然已陪人类走过漫长岁月，但无论开采还是使用，都太污染环境了。人们看着乌漆嘛黑的天，吸着呛人的空气，对煤炭越来越嫌弃。

知道不知道　煤炭"洗白白"

开采和使用煤炭，真的一定要付出如此沉重的代价吗？不！人们想了很多办法、做了很多努力，严格处理废水、废物，终于帮煤炭"改过自新"，原来采煤也可以如此"绿色"。

造成的问题	解决方案
1　地表塌陷。	把开采产生的矸石用作采空区回填的材料，以减少地表沉陷。
2　水资源污染。	对露天矿场覆土造田，重新种植植被。（我从煤矿变成农田啦！）
3　大气污染。（好疼啊！）	在大型煤矿附近，人们直接建造起坑口火电厂，改煤炭运输为电力运输。（以后只输电，不运煤，再也不用弄得脏兮兮啦。）
4　固体废弃物污染。	（没事小煤，以后我们来替代你。）

如何成为合格的宝石

中国人对玉的喜爱可是祖传的，而且我们的玉石资源也很丰富。至于别的宝石嘛，在古代，大多要靠进口。但到了现代，了解了宝石形成的原理才发现，**原来中国也是个宝石大国。**

知道不知道　宝石是怎样产生的

宝石也曾是普通石头，但不普通的经历让它们变得夺目。远古时期的火山活动、地壳运动就像有力的大手，给石头加热加压；周边的矿物像染料一样给它上色，久而久之石头就成了宝石。

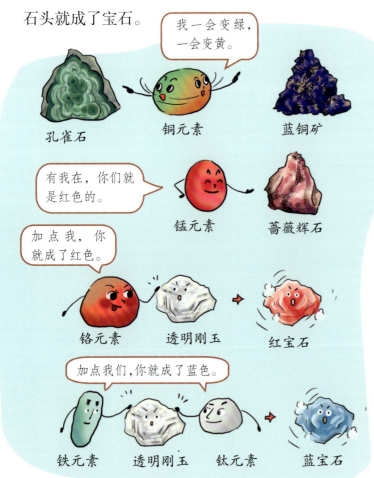

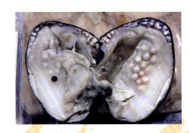

▲ 珍珠也是宝石，但它的产生与地壳运动无关，而是异物进入贝类后，贝类分泌珍珠质包裹而成的生物宝石。

科普一下可好

宝石的诞生

宝石并非天生就是光鲜亮丽的。工人们要先把矿石开采出来，进行清洗和打磨，再按需要切割成小块，交给珠宝设计师进行设计制作，这才变成华美的宝石。

如何成为宝石？

世上的石头千千万，但只有满足美丽、耐久和稀少这三个要素，才能被称为宝石。美丽代表值得被镶嵌在首饰上展示，耐久代表可以恒久流传，稀少才能让人越得不到越想要。

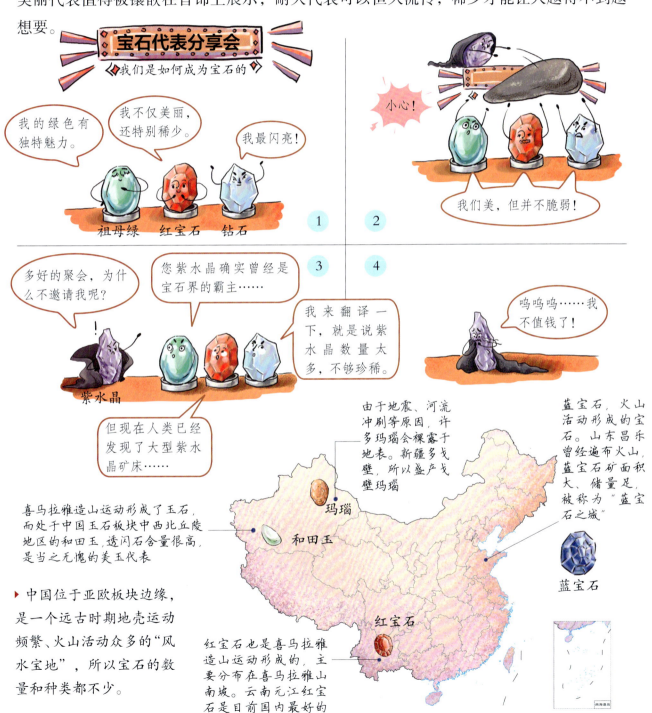

海洋总动员

除了陆地自然资源,中国还有丰富的海洋资源。这么说吧,大海不仅能给我们提供美味的海鲜,还有石油、矿产和各种能源。**大海的世界其实跟陆地一样精彩。**

知道不知道

海里游的都是宝

美味的鱼,好吃的虾……感谢大海的馈赠!其实海里的生物有数十万种,可以吃,可以用,比如藻类可以提取工业原料藻胶。简单来说,海里游的都是宝!

问题来了

海水能干啥?

只要海浪还在翻涌,就能产生海洋动力资源,比如潮汐能、波浪能、温差能,助力人类发展。而且人类正在做一项伟大的探索:海水淡化,也许有一天,苦咸的海水也可以喝呢。

▼ 中国有辽阔的"蓝色国土":内海渤海和黄海、东海、南海三大边海,水域面积约473万平方千米。

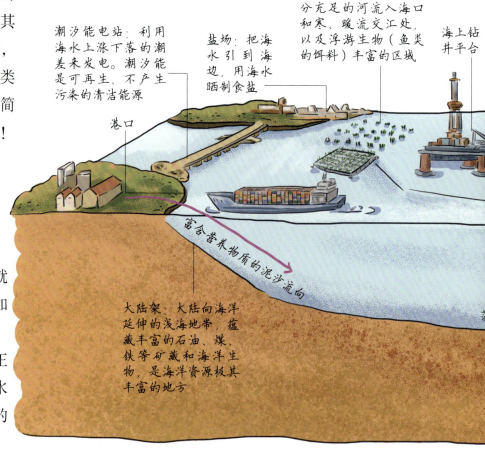

海上养殖场:修建海上养殖场,要找浅海光照好的大陆架,养分充足的河流入海口和寒、暖流交汇处,以及浮游生物(鱼类的饵料)丰富的区域

潮汐能电站:利用海水上涨下落的潮差来发电。潮汐能是可再生、不产生污染的清洁能源

盐场:把海水引到海边,用海水晒制食盐

海上钻井平台

港口

富含营养物质的泥沙流向

大陆架:大陆向海洋延伸的浅海地带,蕴藏丰富的石油、煤、铁等矿藏和海洋生物,是海洋资源极其丰富的地方

▲ 中国是世界上最早开发利用海洋资源的国家之一。明朝郑和下西洋，说明当时中国的造船技术和航海技术都位居世界前列。

走，泡温泉去

没想到地下居然能冒热水，泡温泉实在太舒服啦！原来不仅太阳能为我们提供热量，**地球内部也有热量**。地球就像一个大炉子，深处藏着巨大热量，这就是地热资源。

问题来了　地球"洗澡水"？

地下冒泉水不奇怪，问题是，谁把泉水"烧开"了？一些地方在过去曾有火山活动，现在虽然不再喷发，但地下还有未冷却的岩浆。岩浆把水"烧开"，水就成了温泉。

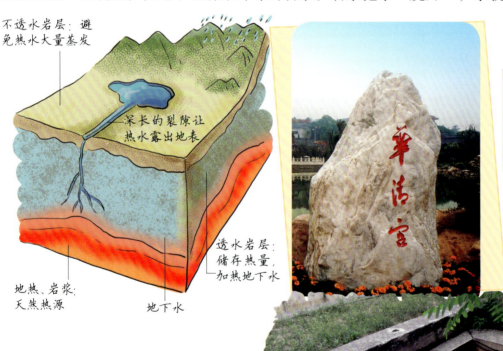

◀ 华清宫位于陕西省西安市，为唐朝皇帝的别宫。

▶ 小汤山温泉位于北京市昌平区，元朝起被辟为皇家园林。

知道不知道　热情似火

一看中国的位置就知道，这是个"热情似火"的国家。中国位于亚欧板块东部，东接太平洋板块，西接印度洋板块，地质构造运动频繁，来自地球内部的地热资源自然充足。

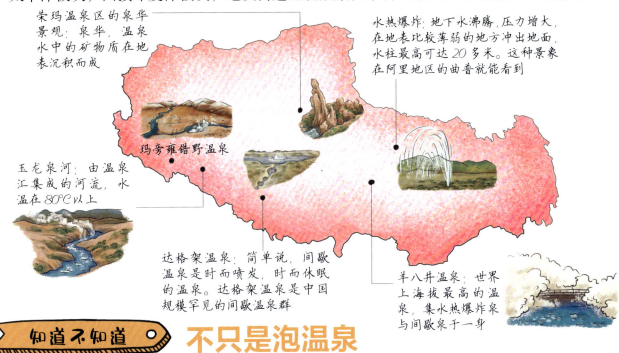

荣玛温泉区的泉华景观：泉华，温泉水中的矿物质在地表沉积而成

水热爆炸：地下水沸腾，压力增大，在地表比较薄弱的地方冲出地面，水柱最高可达20多米。这种景象在阿里地区的曲普就能看到

玉龙泉河：由温泉汇集成的河流，水温在80℃以上

玛旁雍错野温泉

达格架温泉：简单说，间歇温泉是时而喷发，时而休眠的温泉。达格架温泉是中国规模罕见的间歇温泉群

羊八井温泉：世界上海拔最高的温泉，集水热爆炸泉与间歇泉于一身

知道不知道　不只是泡温泉

作为离不开电的现代人，除了泡温泉，我们当然要研究怎么用地热来发电。此外，地热还能取暖、给工业设备加温……作用多着呢。不过，地热虽好，但开采不当也会造成环境污染。

▼地热资源是清洁能源，但盲目开采可能会造成环境污染。

	地热资源的优点	地热开采带来的问题
1	地热（地热发电站、地热层）	土壤板结和盐碱化
2	地热取暖（冷水流向、热水流向）	地面沉降
3	温泉旅游	影响周围环境和生物的存活生长

不当食物，也不当恶魔

华夏大地不仅有人类的城市村庄，还有无数野生动物的栖息地。从荒漠到海洋，从高山到峡谷，从密林到草原，从湿地到河湖，**我们的动物朋友在顽强努力地生存着。**

知道不知道 我不是恶魔，只是在努力生活

真实的大自然并不总是美好的。动物们为了生存，纷纷进化出独特的"装备"。总结一下，那就是寒冷地带皮毛厚，沙漠里面会打洞，高原之上能攀岩，丛林深处善爬树。

西北荒漠又热又干，我们就往地下打洞！

西北荒漠沙鼠

在东北寒冷地带，毛毛必须长得厚。

东北雪兔

华北豹

我对食物和居住条件的要求不高，虽然栖息地被人类占据，但我仍能在夹缝之中生存。

青藏高原岩羊

南方丛林森林密布，不会爬树可不行。

南方丛林黑叶猴

青藏高原和横断山脉多山，一定要会爬山！

滇金丝猴

高原难免缺氧，鼻子嘴唇长得大，方便呼吸。

南海诸岛

知道不知道 人类，请别把我当食物

自然界的困难好克服，人类带来的麻烦却很难解决。一些人在利益的驱使下，对野生动物肆意捕杀，很多动物因此而走向灭绝。

▲ 随着人类活动范围不断扩大，野生动物的生存空间不断被挤压，一些动物因为人类对栖息地的破坏而走向灭绝。

知道不知道 努力在弥补

发现问题之后，人类也做出了很多努力，为野生动物建造国家公园，通过法律禁止随意捕猎、买卖和食用野生动物。渐渐地，一些野生动物被从灭绝的边缘拉了回来。

除了大熊猫，它们也很稀有

说到中国珍稀的野生动物，你是不是马上想到了大熊猫？其实中国还有很多珍稀野生动物，虽然不如大熊猫的名气大，但也**个个身怀绝技**。

知道不知道　高原健将

青藏高原海拔高，空气稀薄，很多地方人类别说生存，喘口气都费劲。这样艰苦的环境里，藏牦牛却能长途跋涉，藏羚羊更是奔跑跳跃不在话下。唉，人类也只有看看的份了。

知道不知道　家在山林深处

西南地区丘陵密布，对人类来说不太方便，对野生动物们来说却刚刚好。茂密山林里的动物们本可以安心生长，可有时，人类的捕猎和对山林的破坏，却让它们面临危机……

知道不知道　苍茫西北侠客行

苍茫的西北，很多难得一见的珍稀动物化身武侠小说里的侠客，上演大漠传奇。野马和野驴喜欢结伴出行，它们是名满江湖的大门派，而荒漠猫则是独来独往的独行侠……

普氏野马：在西北的荒漠和草原上群居。性格机警，体壮擅跑，目前全世界仅存1000多匹，十分稀有

野驴：主要分布于内蒙古、甘肃、新疆等地，它们善于奔跑，有时狼群也追不上它们

野牦牛：身体构造让它只能在高原上生存。然而高原植被脆弱，一旦遭到人为破坏便很难恢复。如果高原生态环境被破坏，野牦牛将失去生机，走向灭绝

雪豹：常在雪线附近和雪地间活动，灰白的毛色很容易和山岩融为一体，有"雪山之王"之称

藏狐：因方方的大脸被人们称为"史上颜值最低"的狐狸

藏羚羊：在青藏高原上生存的特有物种

距翅麦鸡：在河边沙滩上生活。因为太过胆小，当人类在河流上修筑水坝等时，距翅麦鸡就会受到惊吓，近些年数量有所减少

知道不知道 东北抗冻小能手

东北的冬天，人类不把自己裹成球根本不敢出门。驰骋东北的野生动物们却拥有强大的御寒能力，不仅长出了厚厚的皮毛，就连个头也更大。东北虎的体重可达华南虎的1.7倍。

驼鹿：身体高大而灵活，能在半米深的雪地里穿行

紫貂：在中国只产于东北地区，"东北三宝"之一。人类的过度捕杀让紫貂一度濒临灭绝

丹顶鹤：身体以黑色和白色为主，唯头顶有一块红色。因为水源污染、人类围湖养鱼，丹顶鹤的数量曾急剧减少

东北虎：寒地的顶级捕猎者，现存世界上最大的猫科动物之一。人类对森林的破坏，曾让东北虎领地变小，猎物变少

荒漠猫：看着像家猫，实际上却是冷酷无情的捕食者。人们曾想用化学毒药杀老鼠，却间接毒害到吃老鼠的荒漠猫。如今在人类有意识的保护下，荒漠猫的数量渐渐恢复

知道不知道 江中老前辈

长江是中国的第一大河流，也是很多珍稀水生动物的栖息地。温暖湿润的长江中下游不仅是人类的江南水乡，还是江豚、中华鲟、扬子鳄等古老生物唯一的家园。

长江白鲟：曾是生活在长江的中国特有鱼类。2022年7月，世界自然保护联盟发布全球物种红色目录更新报告，宣布长江白鲟灭绝

扬子鳄：中国特有的小型鳄类，曾经遍布中国东部，但如今只生活在长江下游流域

中华穿山甲：在炎热的丘陵和树林里生活。因为一些人觉得可以入药，中华穿山甲遭到人类的过度捕杀，濒临灭绝

长江江豚：俗称"江猪"，喜欢在长江里追波逐浪，但有时会因为追逐人类的船只，被螺旋桨误伤

海南长臂猿：海南的特有物种，几乎终年栖息在树上，很少下地

南海诸岛

装饰地球也保护你

植物虽然不像动物那样吸引你的注意力，但一直在默默地守护着人类——菜可以吃，花可以看，就连呼吸、穿着，都离不开植物。浪漫的中国人还将一些植物比喻成"君子"。

知道不知道　自然界的大功臣

植物可以产生氧气，供生命呼吸；还能舍身喂养动物，为动物提供能量；也能涵养水源，防风固沙，美化环境……可以说，再恶劣的环境里，只要有植物，就有生机。

知道不知道　生活离不开

我们的吃穿用度都离不开植物。吃的饭，穿的衣，睡的床，住的屋，哪一样都离不开植物。还有用植物做的工具、生病吃的药，就连你此刻看的这本书，也是用植物做成的。

知道不知道 还能入地

植物虽然不能上天,但可以入地。千万年前的植物埋入地下,变成煤炭,供人类烧火发电。还有些植物虽然不住在地底,但特别喜欢地下的矿物,被人们当作"找矿道具"。

帕特兰丝石竹 附近有铜矿
铁桦树 附近有硅矿 —— 因为吸收了硅元素,所以我才木质坚硬。
青蒿 附近有硼矿

▲ 有些植物生长发育因为特别依赖某种矿物质,可能就会在这种矿藏附近生长。人类根据植物的这种特性来寻找矿藏,这些植物也被称为"指示植物"。

知道不知道

是植物,但不一样

自然环境深刻影响着植物的模样。大地处处有植物,但植物处处不相同,越是温暖湿润的地方,植物种类越多,叶子越大;越是寒冷干燥的地方,植物种类越少,叶子越小。

▶ 影响植物分布的因素有很多,最主要的是气候,它决定了植物能得到多少热量、光照和水分。

亚寒带针叶林 —— 太冷啦,我们的叶子只能长成细细的针状了。
温带落叶阔叶林 —— 秋天到了,大家准备落叶保暖。
高寒草甸 —— 在高寒、缺氧、干旱、强风的地方生存,就得低调生长、高调开花,吸引为数不多的昆虫来给我传粉。
亚热带常绿阔叶林 —— 咱这还算温暖,叶子不用变黄也不用掉。
热带雨林 —— 为了抢阳光,努力长高高。

植物里的活化石

有些植物非常古老，老到与它同时代的朋友们都变成了化石。这些植物见证了整个地球的世事变迁，以至于科学家们想了解地球往事，还要"叩问先贤"，从它们那里寻找线索。

知道不知道 到底有多古老

一些植物在地球上存在了千万年。与它同时代的生物，几乎都因地质、气候变化而灭绝，这个世界上没有它的近似种，就连它自己，也只在某个小角落里，孤独而缓慢地生长着。

植物界的千叟宴

我已经1000万岁了，是"植物界活化石"。

我有"植物国宝"之称，是中国特产的稀有树种。

想当年我的家族遍布北半球，但如今只有中国南部和东南部地区能见到我们了。

我是最珍稀的茶花品种之一，你们几乎只能在广西防城港市十万大山里见到我。

我的叶子到了秋天会变黄，像是铜钱一样。我小时候曾遍布世界各地，但如今只出现在长江中下游少数地区了。

珙(gǒng)桐　银杉　水松　金茶花　金钱松

▲ 在地球地质活动中，很多植物都灭绝了，但一些植物却幸存下来。这种亲缘植物灭绝的植物，被称为孑(jié)遗植物。

知道不知道 满大街都是活化石

你敢信吗，满大街栽的植物居然是活化石！虽然孑遗植物很稀少，但在人类的保护下，有些植物居然重新壮大起来，数量多到可以栽到路边当行道树。

▲ 香果树、水杉、银杏等植物在人工采种育苗繁殖下，从珍稀活化石变成了遍布中国的常见树种。

知道不知道 灭绝还是不灭绝，这是个难题

在人类的培育下，虽然有的孑遗植物遍布大江南北，但有的还是没能逃脱灭绝的厄运。因为自然环境变化和人为等多方面原因，一些植物在灭绝的边缘上反复横跳，让人心疼又头疼。

▲ 羊角槭（qì）特产于中国浙江省杭州市临安区西天目山，为中国特有的古老孑遗植物。

291

自然保护区的力量

为了让野生动植物自由生活，中国把很多地方划为自然保护区，规定这里以后就是野生动植物的家。我们人类要跟它们做邻居，**不要擅闯邻居家**。

知道不知道 野骆驼的倔强

对很多物种来说，罗布泊是"死亡之地"。然而极度干旱的生态系统，也孕育出独特的荒漠物种，比如世界极度濒危物种野骆驼，就特别钟情于罗布泊。

野骆驼：学名野双峰驼，国家一级保护动物，曾广泛分布于世界多地，如今只生活在中国西北、蒙古国西部的干旱之地

▶ 罗布泊野骆驼国家级自然保护区位于新疆东南部。自然保护区可以分为核心区、缓冲区和实验区三部分。

塔里木兔

新疆维吾尔自治区

●乌鲁木齐

丛林猫

罗布泊野骆驼国家级自然保护区

核心区：禁止任何单位和个人进入，绝对保护

缓冲区：可以从事科研观测活动

实验区：可以进入科学考察、旅游参观

野骆驼：我是生存能力一级棒的野骆驼。我有4个胃，食物存在胃里，饿的时候吐出来反刍。

野狼：哼，别的骆驼也能做到啊。

有刺的、有毒的、含盐量高的植物，我都能吃。

没肉好吃。

我几天不喝水也没事。有水时，我一次能喝10升，存在胃里。盐水我也能喝下去。

知道不知道 无人区里欢乐多

可可西里对人类来说，是地狱般的存在——又冷又缺氧，还遍地是沼泽。但对于强悍的野生动植物来说，这里是世界上最自在的乐园。

新疆阿尔金山自然保护区

鼻子大、鼻腔宽，加上超大的心脏，让藏羚羊在高原上自由奔跑

卓乃湖
缓冲区
核心区
实验区
青海三江源保护区

西藏羌塘自然保护区

图例
→ 每年5~7月，来自青海、西藏、新疆等自然保护区的雌性藏羚羊，迁徙到可可西里的卓乃湖、太阳湖等地产仔
▨ 可可西里的地理范围
▨ 可可西里自然保护区范围

◀ 可可西里位于青藏高原腹地，总面积450万公顷，是中国建成的面积最大、海拔最高、野生动物资源最为丰富的自然保护区之一，现已升级为三江源国家公园大家庭中的一员。

我是藏羚羊。我没有白屁股。

我是藏原羚。我有白屁股。

▲ 藏原羚，青藏高原特有物种，最明显的特征就是心形的白屁股。

知道不知道 生物界的交通枢纽

湖也能当保护区？普通湖也许不行，但鄱阳湖可以。作为与长江相连的中国第一大淡水湖，鄱阳湖不仅是鱼类的家园，还是候鸟迁徙的中转站，可以说是生物界的交通枢纽。

长江

中华鲟
长江江豚

丰水期的鄱阳湖及"居民"

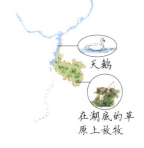

天鹅
在湖底的草原上放牧

枯水期的鄱阳湖及"居民"

而且我平时不怎么出汗，也很少尿尿……

便便也很干……

要说缺点……我比较怕野狼吧。

嘭！

嗷！！

逛咱自己的国家公园

Q：我们已经有自然保护区了，为什么还要建国家公园？

A：自然保护区是各个地方分散管理，国家公园是国家统一管理。比如，大熊猫分散在好几个地方，现在国家直接全管了，更高效。而且国家公园比自然保护区的面积更大。

Q：建国家公园很容易吧？

A：怎么可能！国家公园要尽可能保存当地特有的自然风光、生物物种和文化遗存，要设立专门的部门统筹规划，出台很多政策管理……太复杂了。

Q：是不是任何地方都能成为国家公园？

A：当然不是。国家公园是中国自然生态系统中最重要、自然景观最独特的地方，也就是中国"最拿得出手"、最亮眼的地方，就像——中国的名片！

编号：001

姓名：三江源国家公园

入选理由：

1. 中国最大的国家公园。
2. 世界上海拔最高的国家公园。
3. 长江、黄河和澜沧江都发源于此。
4. 湖泊、河流和沼泽组成世间独有的高原湿地，青藏高原上飞禽走兽的乐土。
5. 著名的可可西里自然保护区就包含其中。

代言人：藏羚羊

编号：002

姓名：大熊猫国家公园

入选理由：

1. 四川盆地向青藏高原的过渡地带物种丰富，托大熊猫的福，还能顺便保护这里的珍稀野生动植物。
2. 大熊猫只吃竹子，栖息地竹子减少，它的活动范围就会跟着减小。国家公园把区域划大，可以帮大熊猫扩大栖息地。

代言人：大熊猫

编号：003

姓名：东北虎豹国家公园

入选理由：

1. 东北的长白山脉有亚欧大陆北部最完整的森林生态系统，是中国边陲的壮美山野。

2. 东北虎和东北豹都是"独行侠"，每只都有自己的势力范围，只有保护好整个长白山，才能帮助它们生存、繁衍。

3. 虎、豹等肉食性动物吃狍子等草食性动物，草食性动物吃林中的植物。只有保护好整个食物链，虎、豹数量才能稳步上升。

代言人：东北虎、东北豹

编号：004

姓名：海南热带雨林国家公园

入选理由：

1. 中国热带雨林极度稀缺。

2. 亚洲热带雨林和世界季风常绿阔叶林交错带上唯一的"大陆性岛屿型"热带雨林。

3. 很多物种都是海南独有。

4. 海南岛是独立的岛屿，岛上的生物独自进化，绝无仅有。

代言人：海南坡鹿

编号：005

姓名：武夷山国家公园

入选理由：

1. 横跨福建、江西两省，是世界乌龙茶和红茶的源头。

2. 地球同纬度最完整、最典型、面积最大的中亚热带森林生态系统，被誉为中亚热带野生动植物的种质基因库，"研究亚洲两栖爬行动物的钥匙"。

3. 早在新石器时期，就有古越人在此繁衍生息。

代言人：武夷山红茶

第九章
我和我的家乡

美食地图打卡

吃饭时间到！**煎、炒、烹、炸、蒸、煮**，各种烹饪方法轮流上阵，做出了麻辣的川菜、清淡的淮扬菜、种类丰富的面食……忍住口水，快来打卡各地美食吧。

问题来了　北京不产鸭子，北京烤鸭从哪来？

俗话说，没有一只鸭子能活着飞出南京，所以，北京烤鸭也源自南京。明成祖朱棣把都城从南京迁到北京，自然也把吃鸭子的爱好带到了北京。

①我肤白貌美。

②我是鸭中"巨无霸"，体型比你大，脂肪比你多。

③我是你祖宗。

▲ 鸭子是水禽，北方缺水，所以北京周边并不产鸭子。北京烤鸭用的北京鸭就是由南方麻鸭培育而来的。

科普一下可好　南京花式吃鸭法

酷爱吃鸭的南京人发明了多种多样的吃鸭方法，除了北京烤鸭的"鼻祖"——南京烤鸭外，还有板鸭、盐水鸭、鸭血粉丝汤，以及鸭子"周边"——鸭油烧饼。

问题来了 "狗不理"包子跟狗有关系吗？

"狗不理"的创始人小名叫"狗子"，他做的包子特别好吃。来买包子的人络绎不绝，他忙得没空跟顾客说话。大家戏称"狗子卖包子，不理人"。时间长了，人们就叫他"狗不理"，他做的包子就叫"狗不理"包子。

> 我皮薄馅大，褶子超过15个。

> 跟我没关系，为啥把我放在这？

知道不知道

肉和馍，配配对

肉夹馍，其实是"肉夹于馍"的意思。在陕西，肉和馍是绝配。腊汁肉和白吉馍搭配出腊汁肉夹馍；卤肉和千层烧饼组合出老潼关肉夹馍；肉臊子放入白面饼中，便是肉臊子夹馍。

> 热馍夹凉肉，咬一口烫口掉渣，咬两口肉质鲜美，回味无穷。

> 我是肉夹馍界妥妥的"C位"！

腊汁肉夹馍

> 我的肉里放了很多醋，保证让你酸爽。

老潼关肉夹馍

肉臊子夹馍

知道不知道 兰州没有"兰州拉面"

外地人口中的"兰州拉面",在兰州的本土名字是"清汤牛肉面",俗称"牛大"。"牛大"的精髓在汤,兰州人通常只在早上和中午吃牛肉面,因为牛肉面汤到了下午就没有味了。

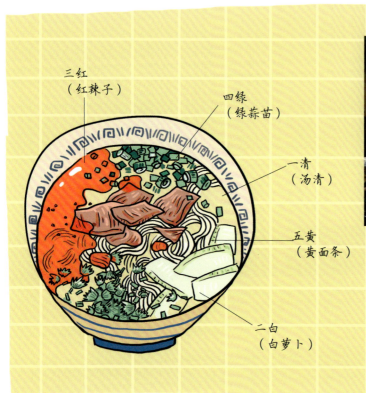

▸ 面条从宽到细主要有大宽(约两指宽)、二宽(约一指宽)、韭叶子(与韭菜叶同宽)、二细(直径约4毫米)、三细(直径约3毫米)、细(与铅笔芯差不多)和毛细(与细铁丝差不多)7种。

知道不知道 在"火炉"里吃火锅

重庆火锅重油、重辣,在重庆人眼里,其他地方的火锅都是"清汤锅"。吃重庆火锅,一定要涮毛肚才正宗,再配上麻油蘸料,即使在40℃的三伏天,也要吃上个大汗淋漓才畅快。

科普一下可好 正宗重庆火锅"避坑"指南

| 点清汤锅底。❌ | 蘸麻酱。❌ | 涮冻品。❌ |

① ② ③

知道不知道

六千多项标准打造的"非遗"米线

看上去不冒热气的汤，居然能把生肉片烫熟！这就是著名的蒙自过桥米线。为了让每一碗米线都好吃，蒙自过桥米线竟然有6705项制作标准！

▶ 过桥米线汤的温度、肉片的薄厚、放多少油等，都有严格的规定。

科普一下可好 过桥米线中鹌鹑蛋的吃法

吃法一： 直接下到汤里。这也是绝大多数人的吃法。

吃法二： 把鹌鹑蛋打散，裹住肉片，然后把肉片下到汤里。这样能保证肉的鲜嫩。

科普一下可好 好吃？难吃？

有些小吃因为味道奇特，让多数人不能接受，不过，爱吃的人却对它们情有独钟。下面这些小吃，你觉得好吃还是难吃呢？

豆汁：

老北京著名小吃，标准发音为"豆汁儿"，绿豆残渣发酵而来，闻起来又酸又臭。

折耳根：

又名鱼腥草，这鱼腥味十足的东西是贵州人的命根，几乎可以搭配一切食物。

臭鳜鱼：

徽菜担当。注意，"鳜"读guì。

臭豆腐：

主要分三大流派：老北京王致和臭豆腐、绍兴臭豆腐和长沙臭豆腐。虽然都是臭，但它们各有各的"臭法"。

螺蛳粉：

臭味留在衣服上、头发上、指甲缝里，可以绕梁三日而不绝，让无数食客魂牵梦萦。

霉千张：

绍兴"霉"家族一员，集霉味、臭味于一体，将怪味发挥到极致。

南海诸岛

南北饮食大不同

中国人的智慧体现在方方面面,既能把祖国建设得蒸蒸日上,又能把同一种食物做出好几种风味。你以为这是个人口味不同,但其实,是环境和气候在悄悄地影响着人们。

甜粽子 VS 咸粽子

这是一个严肃的问题,你必须认真回答我:"粽子应该是咸的还是甜的?"因为北方粽子多是甜口的,南方粽子多是咸口的。每到端午节,南北方就会上演甜咸大战,互相不服气。

甜豆腐脑 VS 咸豆腐脑

北方人通常在早餐吃豆腐脑,用它搭配油条、饼,是标准的一顿饭。但在南方,豆腐脑还有个名字,叫豆花。嫩嫩的豆花配上白糖,是道好吃的甜点。

甜奶茶 vs 咸奶茶

奶茶也有咸的？有！虽然现在很多人都把奶茶当甜饮料，但对古代游牧民族来说，奶茶也是一餐饭食。他们在奶里加茶加盐还加肉，既能填饱肚子，又能补充能量。

◀ 苦涩的新鲜茶叶最早被人们视为药物，后来，人们喜欢用盐、花椒等佐料煮茶。奶茶，最初是农耕文明与游牧民族交融的产物，到唐朝变得风靡。到茶圣陆羽（唐代中晚期）之后，中原地区的人才开始喝不加任何佐料的清茶。

元宵 vs 汤圆

元宵节当然要吃元宵……或者汤圆。其实，元宵是由汤圆发展而来的，但发展至今，做法已经有了很大差别。南方吃包出来的汤圆，北方吃滚出来的元宵。

▲ 最开始时，过元宵节并不一定要吃汤圆。但汤圆圆圆的，正好象征团团圆圆，渐渐就成了元宵节的必备美食，后来又发展出了"元宵"。

"骗人"的名字

有些美食味道虽然很好,但是名字太会"骗人"了。去买老婆饼,结果做饼的却是个大叔!咱大中华的美食多,有的是好看又好吃,**有的却是"名不副实"**!

知道不知道 老婆饼里没老婆

你吃的老婆饼是什么馅的?在老婆饼的起源地广东潮汕地区,因为气候炎热潮湿,容易上火、中暑,所以正宗的老婆饼里,放的是清热解暑的冬瓜蓉。

▲ 老婆饼名字的由来至今没有权威的定论,有说是老婆跟做厨师的老公打赌做的,还有说是做给老婆婆吃的饼。

▲ 潮汕地区位于广东省东南沿海,大陆海岸线与北回归线交汇处。潮汕人发明了许多特色点心。

知道不知道 夫妻肺片没有肺

牛心、百叶等"边角料"原本没多少人爱吃,都是"废片"。可一对四川夫妻把它们加以卤制,做得又辣又香特好吃。因为"废"字不好听,就改叫肺片。

▲ 在食物匮乏的年代,牛心、牛舌、牛肚这些废片也能满足口腹之欲。20世纪30年代,郭朝华、张田政夫妻发明了夫妻肺片。

四川有盐井,四川的牛要么拉车运盐,要么帮着开采盐井。牛的工作量非常大,淘汰率也高。一旦牛老了、生病或受伤,工人们就有牛肉吃了……

知道不知道 狮子头没狮子

谁那么大胆,敢吃狮子的头!放心,狮子头其实是用猪肉做的。这道菜原名叫"葵花斩肉",唐代时,有人用这道菜宴客,因为好吃又好看,就被人改名为"狮子头"了。

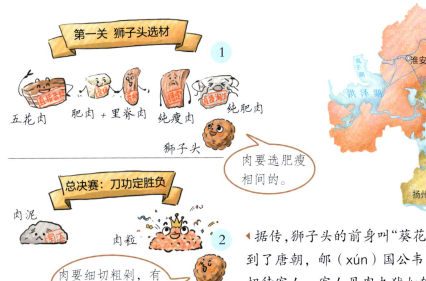

▲ 因为淮安和扬州坐拥京杭大运河、淮河、长江三大水系,所以淮扬菜的食材以水产为主。

▲ 据传,狮子头的前身叫"葵花斩肉",是隋炀帝命御厨做成的。到了唐朝,郧(xún)国公韦陟(zhì)有一次用"葵花斩肉"招待客人。客人见肉丸犹如雄狮的头,气势与郧国公相配,便提议改菜名为"狮子头"。从此这个名字便流传下来。

吃辣简史

吃了那么多带辣椒的菜,你可能没想到,,明朝末年才传入中国。心疼吃辣地区的人一秒钟,真不知道明朝以前他们吃什么。

问题来了 没辣椒时吃什么?

辣椒四百年前才传入中国,在那之前,难道古人就不吃辣吗?当然不是!辣椒传入之前,花椒、生姜和茱萸这三位辛辣"大将",早就把古人的味蕾唤醒了。

辛辣三巨头

花椒:百分之百国产,西周时期就征服了中华大地。

生姜:早在2000多年以前就已经开始种植。除了调味,它还是中草药。

茱萸:不仅能在重阳节当头饰,还是古代相当普遍的一种辛辣调味料。

知道不知道

北粉南酱,辣椒的征途

辣椒以贵州为大本营,很快征服了周边的云南、湖南等地,进而扩展到全国。在这个过程中,辣椒又开始本土化,和各地饮食结合,出现了辣椒酱、辣椒粉、剁椒等辣椒制品。

◀ 辣椒传入之前,中国除了花椒、生姜和茱萸这三大香辛料,还有葱、蒜、胡椒、芥、蒟酱等香辛料。

知道不知道　辣椒来了!

明朝末年,辣椒沿着海上丝绸之路传入中国。你以为它要席卷全国餐桌了吗?并没有。刚开始时,人们觉得辣椒开白花,结红果,好看喜庆,就把它放在院子里当观赏植物看!

知道不知道　辣椒,真正代"盐"人

贵州不产盐,外地运来的盐本就贵,再加上多山导致运输困难,盐更是贵得离谱。不过贵州的气候很适合辣椒生长,当地人就把辣椒当盐用,开启了吃辣椒的先河。

▲ 辣椒从广东传入,但东南沿海地区有海鲜,有食盐,吃饭并不缺味道。西南地区吃盐主要依赖官盐运输,所以盐价很高,有时甚至"一石(dàn)米换一斤盐"。

说的比唱的好听？

相声、小品、魔术、杂技…… 老百姓的欢乐时光里怎么能缺少有趣的演出！这次咱们就来办一台中华民间艺术文艺晚会，看看各地都有哪些能说会唱的吧。

第一个节目　在皇城根儿耍嘴皮子

说到北京城，您别光想着故宫，也可以来天桥看看民间艺术。在过去，这里是整个北京最热闹接地气的平民娱乐场所，啥样的乐子都能找到，就连相声的祖师爷也曾在这里"撂地"演出。

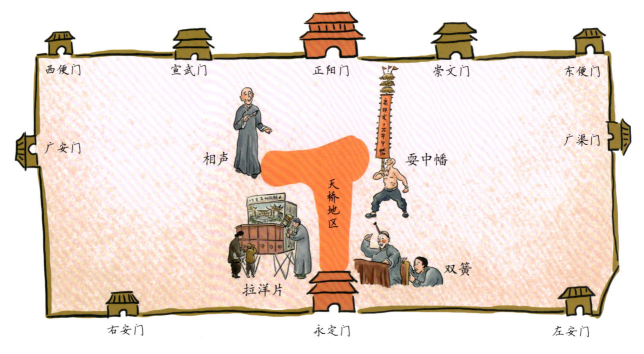

▲ 天桥地区原是明清两代皇帝去天坛祭天时的必经之路，有一座汉白玉石桥。但如今，桥已经消失，天桥这个地名却留了下来。

第二个节目　竹板这么一打呀

"京油子"演完，该我们"卫嘴子"了。天津是移民城市，外乡人带来了家乡的小曲。数不清的曲艺闯荡天津卫，它们既互相竞争，又不断融合，让天津人过足了曲艺瘾。

▸ 天津是很多曲艺形式发源、兴盛的地方，被称为"曲艺之乡"。天津快板、京韵大鼓乃至相声、京剧等北方流行的几乎所有曲艺都在天津兴盛、发展过。

第三个节目　且听下回分解

看过曲艺数量多的天津，咱们再来看看专精一项的鞍山。辽宁鞍山是钢铁生产基地，工人们下班后很喜欢聚在一起听评书。很多评书艺人纷纷来到鞍山说书，把鞍山变成了评书之乡。

▸ 评书的历史悠久，各地的说书人用当地方言讲述一个个生动的故事。我们熟悉的《三国演义》《水浒传》等最初都是方便说书人讲故事的话本。图为四川出土的东汉击鼓说唱俑。

第四个节目 百戏之祖唱昆曲

说的演完了,接下来该唱了。昆曲诞生于明朝,是中国最古老的戏曲之一。然而这位"老祖宗"一点也不沧桑,唱腔婉转,好比江南人家水磨的糯米粉,因此也被人们称作"水磨腔"。

元朝末年

玉山雅集高端文化沙龙
之风月组合演唱会

主唱：顾坚 风月散人
阮琴：顾阿瑛 风月异人
箫：倪瓒 风月主人
笛子：杨维桢 风月福人

1

我们昆曲就是从这样一场一场的"演唱会"中诞生的。

明朝

我来想想情节，写个剧本吧。

应该有伴奏。

这几个字唱长一点更好听。

昆曲打磨中……

梁辰鱼　魏良辅　张野塘

2

牡丹亭

汤显祖

3

↑ 热搜榜

爆　牡丹亭还魂记

沸　牡丹亭为什么这么好听

热　汤显祖 牡丹亭

▲ 昆曲的剧作者多为文人雅士，写出的戏曲大多以才子、佳人为主角，因此昆曲也被称为"才子佳人戏"。《牡丹亭》：由明朝剧作家汤显祖创作，是昆曲最经典的剧本之一。

第五个节目 安徽的京剧？

虽然大本营在北京，但京剧却是"安徽产"。清朝乾隆皇帝过八十大寿，安徽的戏班进京演出并扎根京城。后来，越来越多的徽班进京。在吸纳很多戏曲的优点后，京剧形成了。

生：男性角色的行当

旦：女性角色的行当

净：在性格气质上粗犷、奇伟、豪迈的男性人物。因为脸谱图案复杂，俗称花脸

丑：这个行当不仅包括滑稽的小丑，还包含戏剧里各行各业的人物。有"无丑不成戏"的说法

末：中年以上男子，多数挂须

▲ "京剧"一词于1876年首次出现，是中国影响最大的戏曲剧种，有"国剧"之称。戏剧里，常把各种角色按类型进行分类，称为"行当"。京剧把角色分成生、旦、净、末、丑五个行当。

少儿节目 不用电子屏幕就能看的"动画片"

古代虽然没有动漫，但古代小孩儿也有"动画"看。比如驴皮做的皮影戏，小棍儿一支就能上天入地。还有"裸眼3D"——木偶戏，《孙悟空三打白骨精》真过瘾。

秦腔：主要流行于陕西、甘肃、宁夏、青海、新疆等西北部地区，表演和唱腔豪放夸张

评剧：北方地区流传最广的剧种之一，源自清末河北乡村一带流行的"莲花落"

豫剧：流行于河南省的戏剧剧种，用河南方言演唱

东北二人转：曾分东、西、南、北四个流派，遍及东北三省，后融合为东北二人转。诙谐有趣，深得东北人喜爱

苏州评弹：用苏州方言演唱的说书戏剧，委婉动听

越剧：源自浙江嵊州、兴起于上海的戏剧

黄梅戏：起源于湖北黄梅，却在安徽安庆发展壮大。唱腔婉转动人，以抒情见长

①北京
②天津
③宁夏回族自治区

带点儿特产

一方水土不仅养一方人，还能养出独特的民俗和艺术。别忘了，除了美食，手工艺品也是一种让当地人引以为豪、让外地人趋之若鹜的特产，很多还是国家级非物质文化遗产呢。

知道不知道 人人都爱玩泥巴

在玩泥巴这件事上，中华民族的先辈们可是非常严肃认真而专业的。毫不起眼的泥土经过揉捏，就能变成各种各样的泥塑，不仅能拿来祭祀，还能给孩童当玩具，老少咸宜。

1. 天津漕运的兴盛，也将南方妈祖文化带了过来。

2. 听说泥人捏得越好，生出来的宝宝越好看。／你这捏得也太丑了，找个专业捏泥人的帮忙吧……（新婚夫妇／妈祖）

3. 塑古斋 张明山 "泥人张！泥人张！" "捏泥人，我是专业的。"

▲ "泥人张"，天津著名老字号，彩塑造型多为人物，最初是人们送给天津泥塑艺人张明山的称号，创始于清代道光年间。

自明代开始，北京百姓便在中秋时节供奉兔儿爷，后来，这一泥塑产品演变成为孩童的玩具

凤翔泥塑产自黄河中游的陕西凤翔，是中国最早的泥塑之一

无锡惠山泥人是南方泥塑的代表

淮阳泥泥狗是河南省周口市淮阳区的传统泥塑，用黄泥捏制而成

▲ 除上述泥塑外，大吴泥塑、苏州泥塑、浚县泥咕咕等泥塑，都入选国家级非物质文化遗产。

知道不知道 来安顺，亲手画"蓝图"

绘制蓝图，本来是展现未来愿景，但在贵州安顺，你能亲手画一张"蓝图"。安顺多水多雾，特别适合靛（diàn）蓝植物生长，人们用它搭配白蜡染，一张张"蓝图"就画好了。

▶ 用蜡刀蘸取融化的蜡液在布上作画，再以靛蓝浸染。这就是蜡染。蜡染工艺主要集中在贵州、云南、广西、江西等低纬度地区。

知道不知道 不是所有纸都能叫宣纸

虽然蔡伦改进了造纸术，让纸走进寻常百姓家，但那时候的纸面非常粗糙，根本没法写书法、画国画。"尽享丝滑"的宣纸问世后，迅速成为唐朝贡品，并成为书画界的"顶配"。

▼ 宣纸产自安徽省宣城泾县，因为质地好、耐保存，被称为"千年寿纸"。

▲ 生宣是未经特殊处理的宣纸，吸水性强，墨汁一接触纸张就会洇湿，较适合画潇洒的写意画。生宣经加工变成熟宣，熟宣的吸水和渗水能力减弱，较适合画规整的工笔画。

穿尽红丝几万条

中国是世界上最早使用蚕丝的国家。

既然织布手艺这么精湛,也少不了给布料锦上添花——刺绣技术随之产生。你一针,我一线,古代中国的纺织技术在世界上也是首屈一指。

知道不知道　不是油画,是苏绣

普通人心中的刺绣是绣花、绣鸟,但在苏绣大师心中,刺绣的最高境界是让人看不出刺绣的痕迹。苏州自古就是刺绣之乡,刺绣技能炉火纯青,甚至能绣出油画质感。

▶ 苏绣不仅在明朝时与吴门画派出了"联名款",仿绣中国画,还在清朝时,取材西洋油画,创造出仿佛油画的"仿真绣"。沈寿是清朝著名的苏绣大师。

知道不知道　皇帝的龙袍南京产

元朝开始,皇帝主要住在北京城,但他们身上华丽的龙袍却来自南京。南京云锦作为元、明、清三朝的皇家御用贡品,精益求精,能把金银线也织进布里。

汉朝龙袍

知道不知道 特别会绣"毛茸茸"

湖南长沙不产丝绸，直到清朝，湘绣才声名鹊起。但这位刺绣界的晚辈吸收了很多前辈的经验，很快就后来者居上。湘绣擅长绣动物，绣出的狮子、老虎特别有毛茸茸的质感。

1. 记者：我在长沙马王堆汉墓考古现场为您报道。
   考古学家：哇！刺绣作品！

2. 汉墓里也有绣品！原来湘绣不是清朝的后起之秀，而是刺绣界的老前辈啊！
   且慢！虽然汉代时，长沙刺绣曾是刺绣界的"顶流"，但后来因水土流失、战乱等原因，没有传承下来。

3. 所以说，现代湘绣还是清代的后起之秀？
   是的。

▲ 蚕喜欢逐水草而居。考古发现，早在汉朝时，湘江上游的零陵、衡阳一带存在养蚕活动。但随着水土流失等原因，曾经的桑蚕产地渐渐消失。

知道不知道 古代的"高级定制"

蜀锦凭借悠久的历史、复杂的工艺，成了只有皇室显贵才能享有的"高级定制"。但别忘了，蜀地除了"锦"，还有"绣"。蜀绣以针法见长，"织文锦绣，穷工极巧"的精湛技艺让它成为方寸难求的顶级奢侈品。

▲ 织有"五星出东方利中国"字样的蜀锦，出土于新疆和田。说明早在汉代，蜀锦已经声名远播了。

桑树林：秦淮河畔土壤肥沃，把我养得桑叶肥润，吃我桑叶的蚕吐出来的丝光洁如银。

我的单宁酸含量高，在染色时能增加丝织品光泽度。

秦淮河

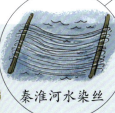

秦淮河水染丝

▲ 明朝、清朝在南京设置江宁织造局，为皇家提供云锦等丝织品。有人认为《红楼梦》的作者曹雪芹的祖上三代都曾任江宁织造。小说中的大观园就是以江宁织造府为原型塑造的。

蜀锦 — 唐朝龙袍、宋朝龙袍
云锦 — 元朝龙袍、明朝龙袍、清朝龙袍

跟着节拍动起来

很多地方都有自己的休闲娱乐方式，**打腰鼓、扭秧歌……** 平时人们总是辛勤忙碌，但劳动结束后，就用这些民间艺术给平凡的日子加点色彩。

知道不知道　在黄土地上狂飙

安塞腰鼓舞起来锣鼓雷动，似有千军万马。安塞自古就是军事要地，战鼓一敲就要全军出击。如今虽然不打仗了，但安塞腰鼓却流传下来，成为当地最受欢迎的民间娱乐。

知道不知道　人人都能耍两招

我敢保证，你们一个班的同学特长都不一样。但河北吴桥人就有共同的特长——杂技。杂技之乡吴桥不仅有专业的杂技演员，就连小学生在放学路上都能翻两个跟头。

▲ 古代"角（jué）抵戏"首先从吴桥出现并流行，奠定了古代杂技基础。明清时期，发达的漕运让吴桥杂技艺人通过京杭大运河，走向人口密集的京津等地。

知道不知道 大秧歌扭起来

手绢、花扇，东北大秧歌扭起来。清朝时，很多人被流放东北，他们把中原等地的戏曲歌舞带了过去，与东北人民热情的性格结合后，就有了"又稳又浪"的东北秧歌。

▲ 宁古塔位于今黑龙江省牡丹江市，因常年寒冷，是清朝流放罪臣的地方。但外来的人也把秧歌等中原曲艺形式带到了这里，逐渐形成独特的东北秧歌。

知道不知道 明太祖老家的曲儿

凤阳是明朝开国皇帝朱元璋的老家，但这里位于长江与淮河之间，常常闹水患。很多人受了灾，只好唱着凤阳花鼓出门乞讨，凤阳花鼓因此而传遍大江南北。

▲ 凤阳花鼓起源于凤阳府"击鼓互歌"的秧歌。朱元璋称帝后，把江南富户迁至凤阳且禁止他们返乡。这些富户最终没落，沦为乞丐，唱着凤阳花鼓偷偷回乡，使凤阳花鼓得以广泛流传。

过节喽

中国人的节日特别多， 除了我们熟知的春节、中秋节等，还有一些少数民族特有的节日。55个少数民族各有各的生活环境和习惯，他们的节日也与这些特点息息相关。

知道不知道　大草原上的运动会

广阔的草原上人们住得分散，最近的邻居也都在百里之外。但当那达慕到来时，人们会聚在一起，只为在这场草原运动会上一展身手，用赛马、摔跤和射箭一决高下。

草原上一望无际，我都走迷路了。

这石块堆成的叫敖包，它就是我们的"路标"。从前敖包还是草原人的祭坛。今天的那达慕大会就是从祭祀敖包演变过来的。

▲ 成吉思汗担任蒙古大汗时，为了检阅部队、管理草场，就在每年7—8月召集各部落的首领，比赛射箭、赛马或摔跤。后来，这三项比赛也成为那达慕的必备项目。

▲ 那达慕没有固定的举办日期，每年7~8月，当草原上水草丰美、牛羊肥壮，适合庆祝丰收和交易牛羊的时候，那达慕就会应时举行。

知道不知道　来啊，山歌对决

壮族的先民生活在多山的岭南地区，环境恶劣，人们经常对着大山唱歌来排解心中的烦闷。再加上村与村之间相隔较远，通讯基本靠"吼"，久而久之，就形成了唱山歌的习惯。

知道不知道　玩水的最高境界

想尽情玩水吗？来傣族的新年泼水节吧！云南闷热潮湿，水既常见又重要。佛教传入后，傣族等少数民族会在特定节日用水清洗佛像，再互相泼水送祝福，形成了泼水节。

▲ 泼水节是傣族、阿昌族等少数民族的新年节日。每年的农历二月二十九（阿昌族泼水节）或傣历六月六日（傣族泼水节），人们互相泼水祝福，并举行赛龙舟、点孔明灯等活动。

知道不知道　火！火！火！

火把节是彝族、纳西族等民族祭火的传统节日。不同民族火把节的时间有所不同，但主要是农历六月二十四。顺便说一句，火把节也是一个狂欢节，大家可以狂欢三天三夜。

321

超级工程在我家

中国是世界公认的"基建狂魔"，古代有万里长城、京杭大运河这样的巨型工程，到了现代，面对各地区不同的地貌特征和发展需求，我们因地制宜，又搞出了好多超级工程。

知道不知道 没有望远镜的天眼

连个望远镜都没有，中国天眼拿啥看宇宙？其实，天眼是靠"听"电磁波来"观察"宇宙的。它的灵敏度很高，如果真有外星文明的话，一定最先被它"听"到。

1

2

中国天眼之父——南仁东

3

▲ 500米口径球面射电望远镜俗称"中国天眼"，是世界最顶尖的射电望远镜。

知道不知道 比摩天大楼还高的桥

什么？跟200层楼一样高的桥？在云南曲靖与贵州六盘水交界处就能看到。北盘江第一桥搭在两座山顶上，距下面的北盘江500多米，是迄今为止世界最高的桥。

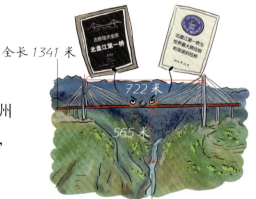

问题来了　上海的海港在浙江？

上海既在海边，又是国际大都市，为什么要"抢"浙江的地盘建海港？没办法，上海的资源需求量大，却缺少深水良港和足够深的航道，只好把浙江大小洋山岛的深水港租过来用。

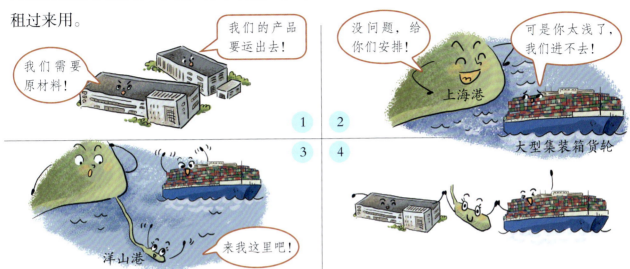

▲ 洋山港位于浙江，公共建设、客运系统由浙江负责，但港口的其他相关事务都由上海管理。

知道不知道　海南岛上跑火车

阳光、大海、沙滩、椰树——天冷了，到海南避寒。天太热？也去海南吧，反正全国气温都差不多。为了让人们把海南岛的美景看个遍，中国首条环岛高铁——海南环岛高铁应运而生。

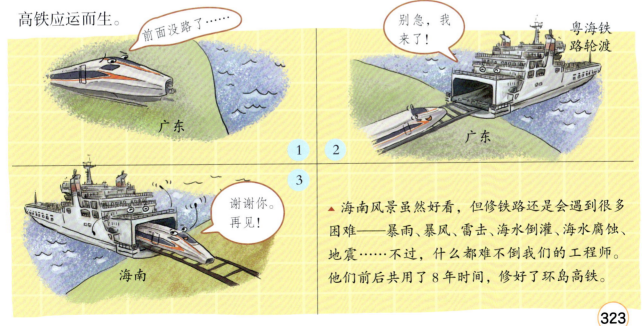

▲ 海南风景虽然好看，但修铁路还是会遇到很多困难——暴雨、暴风、雷击、海水倒灌、海水腐蚀、地震……不过，什么都难不倒我们的工程师。他们前后共用了8年时间，修好了环岛高铁。

嘘，这是我家的秘密

中国各个省份都有自己的简称，有的简称来自省名，有的来自省内的山川河流，这些记起来都比较简单。可有的省的简称来源于历史，不了解历史的，还真不好记呢。

知道不知道　河南有大象

"豫"是河南的简称，本义指大象，可现在的河南根本没有野生大象啊。其实在几百万年前，河南所在的黄河南岸林木茂密，野象遍布。

▶ 相传，大禹把天下分成九个州——冀州、兖（yǎn）州、青州、徐州、扬州、荆州、豫州、梁州和雍州。除了豫，河北的简称"冀"也源于此。

象牙觥杯：河南殷墟妇好墓出土的象牙制品

知道不知道　选鲁不选齐

山东人称"齐鲁大地"。可是明明"齐"笔画更少、名头更响，为什么偏要选"鲁"做简称呢？原来，"齐"听着跟河北的简称"冀"相近，怕搞错，才选了"鲁"。

西周时期，周天子分封齐国和鲁国

齐桓公：要问齐国有多强大？春秋五霸和战国七雄里都有我们！

秦始皇：灭齐国可太费劲了。

齐王建：最后一个被你灭掉，说明我大齐还是很厉害的。

明朝官员：明朝，出身山东的大臣朋党被称为"齐党"。

周公旦：我们鲁国推崇礼制。现代人的政治制度，甚至城市规划都是我制订的。

孔子：我为我们鲁国代言，这还不够吗？

现代人：儒家思想至今仍为我们提供道德标准。

知道不知道 皖公的山水，皖公的省

春秋时期，安徽所在地有个皖国。皖国国君皖公爱民如子，深得百姓爱戴。后人为了纪念皖公，就用他的名字命名了许多山水。当安徽需要简称时，当然首选"皖"了。

知道不知道 "粤"，只为做简称而生

粤不是河，不是山，也不是古国，凭啥当广东的简称？先秦时期，人们把长江以南的地区称为"越"。广东在最南方，叫南越。可《汉书》把"南越"写成了"南粤"，兜兜转转1000多年之后，"粤"就成了广东的简称。

▲ 仔细看，"粤"和"奥"的上面不一样，"粤"字封口，"奥"字不封口。可别写错了。

历史的纪念册

虽然人类还没有发明出时光机，但有一个地方，却能让你"穿越"到过去，那就是博物馆。博物馆里的文物虽然不会说话，但能把千万年的历史捧到你面前。

知道不知道 七千年的海风吹啊吹

中国港口博物馆位于宁波。作为有"港通天下"美称的"元老级"港口，宁波热闹了好几千年，不仅为古代海上丝绸之路作贡献，直到今天也是世界级别的热闹海港。

▲ 战国船纹青铜缶（fǒu）是中国港口博物馆的"镇馆之宝"。缶身上刻着头戴羽冠、身披羽衣的人们比赛划舟，说明早在战国时代，宁波地区的人们已经"乘风破浪"了。

知道不知道 看瓷器，来景德镇就对了

如果说中国是瓷器的故乡，那么景德镇就是瓷器的"黄埔军校"。景德镇制瓷历史久、工艺精，所以就有了专门存放和展示瓷器的博物馆——景德镇陶瓷馆。

▲ 江西景德镇从2000多年前就开始制瓷，元代开始专门为皇家烧制瓷器，是名副其实的"瓷器之都"。

编辑统筹：尚青云简·郭雅倩

文字撰写：晨小阳

美术编辑：尚青云简·玉琳儿

插图绘制：小阿